변화의 싹이 움튼 5년을 기록하다

교육의 시간들,
─ 그 첫 번째 이야기 ─

이창희 지음

목차

Prologue ——— 8
추천사 ——— 10

Part 1

2000. 9. ~ 2003. 8. 정년 단축 여파로 더 추락한 교원 사기

〈교실 창가에서〉 중학교도 무시험이라니…. ——— 14
〈교실 창가에서〉 2002년도를 향하여 ——— 16
〈이렇게 생각한다〉 지방직화 왜 서두르나. ——— 19
〈현장제언〉 학교 인사 관행부터 바꾸자 ——— 20
〈새 아침을 열며〉 교육 논리가 서는 해이기를 ——— 22
〈현장제언〉 교육정책, 서두르면 체한다. ——— 24
〈교육부총리에게 바란다〉 교육계 의견 가려들어야 ——— 27
〈현장제언〉 공교육 정상화가 더 시급하다. ——— 29
〈현장소식〉 금연, 절주하면 건강해 진대요. ——— 31

Part 2

2004. 1. ~ 2004. 12. 다시 이슈 속으로

〈현장제언〉 희망찬 2004년을 향해 ——— 33
〈이렇게 생각한다〉 피곤한 우리의 교육 ——— 35
〈칼럼〉 교원 해외연수 불평등 심하다. ——— 37
〈칼럼〉 실업계 고등학교 활성화 방법 없나! ——— 39
〈현장소식〉 수능 감독관 차출 문제 있다. ——— 41
〈칼럼〉 서명만이 의견을 전달할 수 있나 ——— 43
〈현장소식〉 서울 서남부 지역 중학교 신설 시급 ——— 44
〈현장소식〉 컴퓨터 기초부터 가르쳐 드립니다. ——— 46
〈칼럼〉 중학교 3학년은 입시를 위한 학년인가 ——— 48
〈현장소식〉 이런 활동 어떨까요. ——— 51

Part 3

2005. 1. ~ 2005. 12. **숨통이 트이고 활력을 찾아가는 학교**

〈칼럼〉 지방교육자치제도 개선안을 보며 — 54
〈칼럼〉 교원 평가, 그것의 허와 실 — 57
〈칼럼〉 진정한 '교육장 공모제'로 가려면…. — 60
〈칼럼〉 새 교육부총리가 갖추어야 할 조건 — 62
〈현장소식〉 학교공동체 문화연구회 연수회 열려 — 64
〈칼럼〉 새 교육부총리에게 필요한 것은 무엇인가 — 66
〈칼럼〉 자비연수비 연말 소득공제 해 줘야 — 69
〈칼럼〉 학력신장 방안, 신중한 접근이 필요하다. — 72
〈칼럼〉 '교원인사' 좀 더 섬세해야 — 75
〈현장소식〉 졸업식 시기 앞당기는 학교들 — 77
〈칼럼〉 학교 '성적부정' 예방책 없나 — 79
〈현장소식〉 학교운영위원회 이렇게 운영합니다. — 82
〈칼럼〉 기준에 턱없이 부족한 학교 교구 — 84
〈현장소식〉 "T-Money 카드 문제 있다" — 86
〈칼럼〉 학교폭력 자진신고제도의 실효성 — 88
〈칼럼〉 '스쿨폴리스'의 바람직한 방향은? — 90
〈칼럼〉 교사만 추방하는 것이 최선인가 — 92
〈칼럼〉 다가오는 주5일 수업제의 첫번째 휴업일 — 95
〈칼럼〉 일석이조(一石二鳥)의 학교 방문 — 97
〈칼럼〉 '배식당번 금지'가 성공하려면 — 99
〈칼럼〉 작은 책에도 큰 이야기가…. — 101
〈칼럼〉 체험학습과 전세버스 — 103
〈칼럼〉 "경찰은 마지막에 나서야 한다" — 105
〈칼럼〉 주5일 수업, 뭐가 어떻다는 건가? — 107
〈칼럼〉 다면평가제, 신중한 접근을 바란다 — 109

〈칼럼〉 교총의 설문 내용, 문제 있었나 ——— 111
〈칼럼〉 주5일 수업제 무엇을 개선해야 하나 ——— 114
〈칼럼〉 촌지가 문제인가, 언론이 문제인가 ——— 117
〈칼럼〉 학교급식의 또 다른 문제 ——— 119
〈칼럼〉 2월 스승의 날, 누가 원하는데…. ——— 121
〈칼럼〉 일기장 검사는 비교육적? ——— 122
〈칼럼〉 교장은 아무나 하나? ——— 124
〈칼럼〉 과연 교육적 가치있는 행사들인가? ——— 125
〈칼럼〉 성적 비리 정말 뿌리 뽑혀야 한다. ——— 126
〈칼럼〉 적발이 최선의 방법인가? ——— 128
〈칼럼〉 수행평가에 파묻힌 아이들…. ——— 130
〈현장소식〉 진짜 대의원이 되는 길 ——— 132
〈칼럼〉 주5일제 수업의 조속한 정착을 위해 ——— 134
〈칼럼〉 KBS의 학생두발 자율운동관련 기사를 보고 ——— 136
〈칼럼〉 일은 고등학교에서, 처리는 중학교도 함께? ——— 138
〈칼럼〉 이건 아닌 것 같은데…. ——— 139
〈칼럼〉 학원이 뭐길래 ——— 141
〈칼럼〉 또다시 여론몰이 인가? ——— 143
〈칼럼〉 대입제도 개선과 사교육의 상관관계 ——— 145
〈칼럼〉 MBC에 할말 있다! ——— 147
〈칼럼〉 교원의 전문성 왜 무시하나! ——— 149
〈칼럼〉 우리는 이렇게 하지요. ——— 151
〈칼럼〉 선생님 이번에는 우리가…. ——— 153
〈칼럼〉 교사 불신 부추기는 교육청 ——— 155
〈현장소식〉 서울 동작구 교총 현장 연수 열려 ——— 157
〈현장소식〉 "선생님 바늘 있어요?" ——— 159
〈칼럼〉 처음부터 잘못 세워진 두발 대책 ——— 161
〈현장소식〉 사교육 해소는 이렇게 ——— 163
〈칼럼〉 방향 잃은 교육대학원 교육 ——— 165

〈칼럼〉 수석교사제 도입을 위해서 ——— 167
〈칼럼〉 일과 중 연수 과정 개설 바람직한가. ——— 169
〈칼럼〉 학교가 말단 행정기관인가 ——— 171
〈칼럼〉 꼭 학교에 요청할 필요가 있는가 ——— 172
〈칼럼〉 대도시의 교육을 원하는 까닭은? ——— 174
〈칼럼〉 지금쯤은 내년도 방향이 필요하다. ——— 176
〈칼럼〉 고집쎈 교육부, 이제는 철회를 ——— 178
〈현장소식〉 교내 자원봉사자의 활동 ——— 180
〈칼럼〉 자립형사립고 확대 실시 가능한가 ——— 182
〈현장소식〉 10분 독서를 아시나요. ——— 184
〈칼럼〉 "수업 잘하고 근무 잘해도 소용없어요." ——— 185
〈칼럼〉 수행평가에 대한 또 다른 고뇌 ——— 187
〈칼럼〉 교감은 없어도 된다? ——— 190
〈칼럼〉 늦은 감이 있지만 일단은 환영 ——— 192
〈칼럼〉 이상한 공문이라지만 현실은 ——— 194
〈현장소식〉 여름, 교무실이 붐비는 까닭은 ——— 196
〈칼럼〉 학교장 수난시대? ——— 197
〈칼럼〉 부적격교사 퇴출, 신중한 접근을 ——— 199
〈칼럼〉 장마는 시작 됐는데…. ——— 201
〈칼럼〉 어느 방법이 옳은 방법인지 ——— 203
〈칼럼〉 전면 주5일 근무제 실시와 학교 ——— 205
〈칼럼〉 수업 준비하기 위한 시간 확보가 필요하다. ——— 207
〈칼럼〉 목소리가 커야 이긴다? ——— 209
〈칼럼〉 학교 시험 문제도 저작물 아닌가? ——— 211
〈칼럼〉 인권위 결정은 시대에 뒤진 결정 ——— 213
〈칼럼〉 사교육은 불패인가? ——— 215
〈칼럼〉 수행평가에 이런 문제도…. ——— 217
〈칼럼〉 요즘 아이들… 그래도… ——— 219
〈칼럼〉 교사는 몸 돌볼 기회도 없나 ——— 221

〈칼럼〉 학교자치와 교장의 역할 ——————— 223
〈칼럼〉 진정한 인권의 의미는? ——————— 225
〈칼럼〉 교장에게 힘을…. ——————— 227
〈현장소식〉 자녀와의 대화는 이렇게…. ——————— 229
〈칼럼〉 공문, 보내기만 하면 된다? ——————— 230
〈현장소식〉 꿀맛닷컴 "한국교육산업대상" 수상 ——————— 232
〈현장소식〉 "기간제이면서…." ——————— 233
〈칼럼〉 전문직 증원의 딜레마 ——————— 235
〈칼럼〉 학교, 대국민 서비스에도 관심 가질 때 ——————— 237
〈칼럼〉 차기 혁신위원장은 누가? ——————— 239
〈칼럼〉 표절 시비 끝 ——————— 241
〈칼럼〉 새 혁신위원장에 바란다. ——————— 243
〈칼럼〉 질보다 양? 양보다 질? ——————— 244
〈칼럼〉 계약파기? 있을 수 없는일 ——————— 246
〈칼럼〉 수요자가 원하는 교육 ——————— 248
〈칼럼〉 사서교사 배치는 시대적 요구 ——————— 250
〈현장소식〉 교원연수 열기로 더위를 이긴다. ——————— 252
〈칼럼〉 끝없이 노력하는 교사의 표본 ——————— 253
〈칼럼〉 교원정년 당장 환원해야 ——————— 255
〈교단일기〉 저 혹시… 아 그렇구나. ——————— 257
〈칼럼〉 중독은 초기 증상일 때 치료해야…. ——————— 259
〈칼럼〉 광복 60주년 아침의 단상 ——————— 261
〈칼럼〉 언론이 문제다 ——————— 263
〈칼럼〉 학교에서 학원수업을 한다니…. ——————— 265
〈칼럼〉 전산담당 공익근무요원도 전문화 시대 ——————— 267
〈현장소식〉 비만의 주범, 탄산음료 ——————— 269
〈칼럼〉 개학 준비는 이렇게 하자 ——————— 271
〈칼럼〉 교육부의 의도는? ——————— 273
〈칼럼〉 집값이 교육제도 바꾸는 현실 ——————— 275

〈칼럼〉 교육감 선거제도 하루빨리 바꿔야 한다. ——— 277
〈칼럼〉 한국교총 홍보활동에 박수를 ——— 279
〈칼럼〉 승진 불균형 해소되어야 한다 ——— 281
〈칼럼〉 이렇게 하면 어떨까요? ——— 283
〈칼럼〉 교실 환경개선의 신호탄 되었으면 ——— 285

Epilogue ——— 286

Prologue(프롤로그)

"어쩌다 칼럼리스트, 시대를 쓰다."

교육정론지 한국교육신문에 간혹 교육 관련 칼럼을 투고 했었습니다. 때로는 그때그때의 이슈에 따라 신문사의 의뢰를 받아서 칼럼을 쓰기도 했습니다. 교직 생활이 더해질수록 교육을 바라보는 시야가 넓어지면서 하고 싶은 이야기가 너무나도 많아졌습니다.

그러나 불행히도 피력하고 싶은 의견을 적시에 제시하여 함께 공유할 수 있는 공간이 부족했습니다.

뜻이 있으면 길이 있다고 했던가요. 간절히 원하면 이루어진다고 했었나요. 드디어 한국교육신문에서 E-리포터 활동 코너를 개설하여 수시로 의견을 올릴 수 있는 터전을 마련해 주었습니다. 2005년도로 기억하고 있습니다.

이 활동의 시작이 38년의 교직 생활에서 본격적인 '어쩌다 칼럼리스트'로 적극적인 활동을 하게된 중요한 터닝포인트가 되었습니다. 물을 만난 물고기처럼 의견을 올리고 또 올렸습니다. 하루에 2~3개의 기사를 올린 적도 여러 번 있습니다. 이슈가 될 뉴스는 하루가 생명인 경우가 있어 신속하게 남들이 올리기 전에 올리는 것이 생활화 되었습니다. 당시부터 현재까지 E-리포터 활동을 하시는 선생님들 중 칼럼을 올린 횟수로만 본다면 손가락에 꼽을 정도로 많습니다.

그동안 E-리포터 활동을 하면서 한국교육신문의 현장기자 직함도 얻게 되었고 이를 토대로 자주는 아니지만 한국교육신문과 주요 일간지에도 교육 이슈에 대한 칼럼이 게재되기도 하였습니다.

사정이 이렇다 보니 제가 올린 칼럼이 다른 인터넷 사이트에서도 발견되었고 부끄럽지만 교원임용시험 관련 블로그 등에서 논술 활용 자료로 올라가 있는 것도 발견하게 되었습니다. 예비교사 들에게 도움을 줄 수 있어 뿌듯함이 함께 할 수 있었습니다.

이런 활동과 함께 시간이 흘러 어느덧 긴 교직 생활을 마치고 퇴직을 맞이하게 되었습니다. 그동안 교직 생활을 하면서 학생들을 가르쳤던 소중함과 다양한 칼럼이 제 곁에 남게 되었습니다. 나름대로 열심히 교직 생활을 해 온 덕분에 대과 없이 무사히 퇴직하게 된 것을 기념하여 E-리포터 코너에 올렸던 칼럼을 모아 책으로 발간하게 되었습니다.

이번은 걸음마로 2000년 9월부터 2005년 8월까지의 자료를 모아서 첫 번째 이야기로 발간하게 되었습니다. 향후에 기회가 된다면 나머지 기간의 칼럼집도 발간할 예정입니다. 비록 딱딱하고 비판하는 내용이 주를 이루고 있지만 읽어 보면 당시의 교육 이슈와 학교 현장을 이해하는데 많은 도움이 될 것으로 사료됩니다.

그동안 격려를 아끼지 않았던 동료 교원들과 미흡한 칼럼을 기꺼이 한교닷컴에 게재 해주셨던 한국교총과 한국교육신문사의 모든 관계자 여러분께 깊은 감사의 말씀을 드립니다.

이창희
"교육의 시간들, 그 첫 번째 이야기"

추천사

수양산 그늘이 강동 팔십리를….

　마치 구름과 바람이 우연히 드높은 창공에서 만나 같은 길을 가는 동무가 되듯 저자인 이창희와 나의 인연도 언제인지도 기억나지 않을 정도로 자연스럽게 이루어져 지금까지 이어져 오고 있습니다. 성인끼리는 좀처럼 마음을 터놓는 사이로 발전하기가 쉽지 않은데 아마 저자의 친화적인 성향과 교육자로서의 전문성이 강력한 흡입력이 되지 않았나 생각됩니다.

　우리가 알고 있는 교육자상은 대개 학생 지도에 헌신과 열성을 다하는 모습 정도일 것입니다. 나도 초기에 저자에 대한 느낌이 그 정도였던 것으로 기억됩니다. 그런데 만남이 거듭될수록 교육정책에 대한 통찰력도 대단하다는 것을 알게 되었습니다. 특히 저자는 자신의 교육에 대한 견해를 여러 매체에 가감 없이 표현하기를 주저하지 않았는데, 때로는 교육 당국을 향한 포문이어서 행여 불이익이라도 당하지 않을까 걱정하기도 했습니다. 내가 한국교육방송공사(ebs) 이사를 할 때 저자가 교육 부문 경영평가위원으로 참여한 적이 있는데, 교사로서의 시각에서 그것도 매우 짧은 기간에 ebs를 진단한 그의 날카로움에 놀란 기억이 아직도 생생합니다.

　교육정책에 대한 통찰력과 그것을 표현할 수 있는 문장력 그리고 비판이나 비난에 그치지 않고 대안을 제시할 수 있는 혜안까지 가지기란 쉽지 않습니다. 저자가 이 모든 것을 가졌다는 것은 교육자로서의 풍부한 현장경험과 더불어 교육 문제에 눈을 감지 않고 개선을 위해 부단히 노력한 결과라고 생각됩니다. 그런 저자가 정년퇴직한다고 했을 때 아쉬운 마음을 금치 못했습니다. 교육계 안팎에서는 우문현답, 즉 "우리의 문제는 현장에 답이 있다"는 말을 하곤 하는데, 저자는 교육 현장에서 교육 문제를 풀 답을 찾기 위해 혼신을 다해 온 교육자였기에 상실감은 더 컸습니다.

그런데 퇴직 후 책을 낸다고 해서 너무나 반가웠습니다. 수양산 그늘이 강동 팔십리를 간다는 옛말처럼 저자의 교육에 대한 통찰력과 혜안은 시대와 세대를 넘어 길을 잃고 헤매는 이 나라 교육의 등불 역할을 할 것입니다. 바람이 있다면 한 권에 그치지 말고 계속 이어나가는 영원한 등불이 되길 부탁드립니다.

정동섭
NGO역사포럼 감사, 전 한국교육방송공사(EBS)이사

추천사

140 그리고 교육

이창희 선생님을 알게 된 건 그리 오래되지 않습니다. 제가 한국교총 회장 선거에 출마하면서 만나게 되었는데, 최고의 현장 교육 전문가라는 것을 알게 되기까지 그리 오랜 시간이 걸리지 않았습니다.

지난해 8월 정년퇴직을 하기까지 30년 이상을 학교에 근무하며 우리 교육의 어제와 오늘을 묵묵히 지켜오신 것만으로도 이를 증명하고도 남습니다.

특히, 수업 준비와 각종 행정처리 등으로 시간이 턱없이 부족함에도 아이들의 건전한 성장과 우리 교육의 미래를 위해 발로 뛰고 머리로 생각하며 정책과 제도를 분석하고 대안을 제시하는 모습은 학교 교육에 실망한 많은 국민들에게 던지는 한 줄기 빛이 아닐 수 없습니다.

이 책에는 중학교 무시험을 시작으로 주5일제 수업, 교원 평가, 학교 공동체 연수, 수행평가, 학교폭력, 촌지, 일기장 검사, 학생 두발, 그리고 공교육 정상화까지 총 140개의 선생님과 아이들의 이야기가 깊고도 넓게 담겨져 있습니다.

부모님의 학창 시절 기억 속 추억과도 맞닿아있어 읽는 재미는 쏠쏠한 덤이 될 것입니다.

38년 현장교육 전문가가 풀어낸 우리 교육, 이 책은 흥미롭게 담아내고 있습니다.

정성국
국회의원, 전 한국교원단체총연합회 회장

Part 1

2000. 9. ~ 2003. 8.
정년 단축 여파로 더 추락한 교원 사기

〈교실 창가에서〉　　　　　　　　　　　이창희 서울 강남중 교사 등록 2000.09.04

중학교도 무시험이라니….

새로 임기를 시작하는 서울시 교육감이 내년부터 서울지역 중학교에서 정규고사를 단계적으로 폐지하고 무시험 수행평가를 시행한다고 한다. 교육의 질을 높이고, 수요자 중심의 교육을 실시하기 위해서는 어떠한 형태로든지 교육이 변하여야 한다는 데에 공감한다. 그러나, 초등학교에서 표면적으로 무리 없이 실시되고 있다고 해서 중학교까지 같은 제도를 도입한다는 것은 발상의 전환 이전에 현장의 여러 여건을 무시한 것으로 오히려 몇 가지 문제점을 안고 있다.

우선 내신성적으로 고등학교를 진학하는 현재 상황에서 어떻게 서술식 수행평가만을 가지고 평어를 낼 수 있으며, 그 평어만을 가지고 고등학교 입시에서 어떻게 성적을 반영할 수 있을 것인지가 궁금할 뿐이다. 또 고등학교 진학에 필요한 것이라면 객관적인 자료가 있어야 함에도 불구하고 수행평가라는 것은 보는 관점에 따라 그 학생의 소질이나 능력이 달리 보일 수도 있으므로 객관성이 결여될 수도 있다는 것이다.

초등학교의 경우에는 학교생활 대부분을 담임교사와 같이하고 거의 모든 과목을 담임교사가 가르치기 때문에 학생 개개인의 능력이나 소질 등을 상대적으로 쉽게 파악해 수행평가에 반영할 수 있겠지만, 중학교에서는 여러 담당 교과의 교사가 그 많은 학생을 상대로 단순히 과제물을 부여하여 수행평가를 할 수밖에 없는 상황이다. 그렇기 때문에 평가의 객관성이 문제가 될 뿐만 아니라 설사 수행평가를 하더라도 그것을 서술식으로 학교생활기록부에 기재하는 일은 담임교사의 몫이 될 수밖에 없는 것이다. 교사의 업무를 줄여주기는커녕 도리어 업무를 가중시키는 결과를 낳게 되는 것이다.

한편으로 요즈음에는 학교의 과제를 대신 해결해 주는 학원도 등장하고 있다고 하는데, 이러한 상황이 일반적인 현상으로 전개된다면 수행평가의 대상이 학생이 아닌 과제해결을 해주는 학원에 근무하는 강사들의 몫이 될 것이다. 그 결과가 곧 강사의 질로 평가되어 그 학원으로 학생들이 몰리게 될 것이다. 또 다른 비정상적인 사교육의 형태가 탄생하는 것이다. 현재 초등학교에서 수행평가를 실시하고 있다고는 하지만, 과제물을 거의 모두가 학부모의 힘으로 해결되고 있는 현실이다.

그럼에도 중학교에서 과제 중심의 수행평가가 강행된다고 하면, 일례로 주당 1시간~2시간의 수업을 담당하는 교사는 담당 학급이 최소한 10~20학급이 되기 때문에 시간상으로 볼 때 수행평가를 1년에 한 번 정도도 하기 어려운 실정이다. 사정이 이런데도 일선의 어려움을 등한시한다면 그것은 또 하나의 졸속 교육개혁이 될 것이다. 따라서 새로운 제도를 급하게 실시하기보다는 우선 학급당 학생 수를 25명 내·외로 조정하는 일부터 해야 할 것으로 보인다. 더 나아가서는 교원을 증원하여 수업과 평가에 대한 부담을 줄일 방안을 생각하는 등 시간적 여유를 가지고 신중하게 검토한 후에 실시하는 것이 좋을 듯하다.

일선 교사들에게 여건이 충족됐는지 충분히 묻지 않고 몇 사람의 입안자가 손쉽게 제도를 바꾸는 일은 이젠 정말 자제했으면 싶다. 물론 이대로 밀어붙인다면 어떤 식으로든지 실시가 되겠지만, 그런 개혁은 오히려 역효과만 초래할 뿐이다. 역효과가 있으면 시행착오를 거쳐 바로잡으면 된다고 쉽게 생각할 수도 있다. 그러나 교육은 다른 문제와는 달리 절대로 시행착오를 거치면 안 된다는 것이 내 생각이다. 그 시행착오를 학교 교사만 겪는다면 백번 양보할 수도 있겠다. 그러나 잘못된 교육개혁으로 희생을 당하는 건 학생과 학부모, 나아가 사회와 국가 전체가 된다.

개혁은 물론 중요하다. 그러나 교사들이 바라는 개혁은 시간을 두고 점진적으로 진행되는 개선의 '누적'이지 깜짝 쇼가 아니다. 좋은 개선 방안이 나와서 하나, 둘씩 학교 현장이 변화되고 교육의 질이 높아진다면 그것이 곧 교육개혁이 아닌가. 학생들을 혼란에 빠뜨리고 제도의 희생양으로 삼는 그런 개혁을 교사는 원하지 않는다. 칠판을 바라보는 모든 학생이 우리 교사에게는 가장 소중한 존재이기 때문이다.

〈교실 창가에서〉　　　　　　　　　　　이창희 서울 강현중 교사 등록 2002.01.01

2002년도를 향하여

원단의 태양이 떠올랐다. 어제와 똑같은 그 태양이다. 하지만 오늘의 저 태양은 내 몸과 마음을 비춰보며 지난해를 돌아보고 새해의 각오를 다지게 하는 거울이기에 더욱 빛난다.

다사다난했던 한 해를 보낸 교단이 새해를 맞았다. 희망찬 한해, 보람찬 새해를 넘어 2002년은 교총에서 정했듯 '자존심 회복의 해'여야 한다. 물론 회복해야 할 그 자존심은 이기심이 아니다. 그것은 우리 교원들이 어떤 어려움이 있어도 마지막까지 지켜야 할 긍지이며 교직을 수행할 교원의 생명이다. 이제 우리 앞에 다가선 2002년을 진정 '자존심 회복의 해'로 우뚝 세우기 위해 함께 풀어야 할 것들이 있다.

우선 교원 정년 환원이다. 여기서 분명히 밝히고 싶은 것은 교원 정년 연장이 아니고, 교원 정년의 65세 환원이다. 정치권도 이제는 믿을 수 없다. 우리 스스로 노력해 결과를 얻어내야 한다. 지난해 교단은 1년 때문에 자존심을 구겨버리고 말았다. 우리의 의지가 마치 '1년을 더 해 먹기 위한 집단이기주의'로, 즉 우리들의 밥그릇 찾기로 비쳐진 것은 정말이지 참을 수 없는 일이다.

우리가 요구한 것은 분명 1년이 아니었는데, 정치권에 휘말려 1년으로 비추어졌으니, 앞으로는 절대로 지난해와 같은 전철을 밟지 말아야 할 것이다. 우리의 목표는 정년 65세 환원이다. 나아가서는 잘못된 교육정책을 바로잡는 것이다.

다음으로 7차 교육과정의 개선이다. 처음부터 준비가 잘 안된 상태에서 시행된 7차 교육과정은 초등학교는 4학년까지, 중학교는 1학년이 이미 적용받고 있다. 내년에는 초등학교는 모든 학년, 중학교는 2학년까지, 고등학교도 1학년에 도입된다.

교육과정 전체를 뒤흔드는 일이 교육에 혼란을 가중시킨다면, 어떠한 방법으로든지 개선해야 한다. 지속적인 반대 운동에도 불구하고 강행했다면 분명 책임은 교사나 학생, 학부모에게 있는 것이 아니다. 그러나 앞으로의 일은 예측이 가능한 만큼 그동안 파행적으로 도입된 7차 교육과정을 반드시 바로잡아야 할 것이다. 교실에 컴퓨터만 갖다 놓고 교사에게 컴퓨터만 지원한다고 해서 7차 교육과정이 제대로 되는 것이 아니다. 그에 걸맞은 여건을 충분히 갖추어 주어야 한다. 반드시 7차 교육과정을 개선 해야 한다.

교원성과급 제도도 근본적인 손질이 필요하다. 기본적인 틀을 깨뜨릴 수 없다면 기본을 유지하면서 합리적으로 시행할 수 있는 방안을 찾아야 한다. 우리 스스로 말이다. 남들이 만들어 놓은 기준을 가지고 받아들이느니, 못 받아들이느니 하는 식의 이야기는 더 이상 설득력이 없다. 우리 스스로 좋은 방안을 찾아 나서야 할 것이며, 그 방안을 강력하게 요구해야 할 때다.

마지막으로 모든 학교의 공교육을 정상화하는 일이다. 공교육을 못 믿어 유학을 떠난다고 한다. 공교육이 이런 지경에 이른 것은 물론 잘못된 교육정책 때문이다. 그러나 최종적으로 학교에서 학생들을 가르치는 우리 교사들도 전혀 책임이 없다고 할 수 없다. 학교를 버리고 학원으로 몰리는 학생들, 외국 유학길에 오르는 학생들을 어떻게 설명할 것인가.

그동안의 교육 방법이나 교육과정을 다시 한번 생각해 보고 사교육을 이길 수 있는, 즉 공교육을 활성화시킬 수 있는 방법을 우리 스스로 찾아서 실천해야 할 것이다. 잘못된 교육정책을 탓하면서 거기에 편승하여 학생 지도를 소홀히 한다는 것은 교통사고 내놓고 잘잘못만 가리고 사고처리는 하지 않는 경우와 다르지 않다.

'자존심 회복의 해'에 우리가 풀어야 할 과제가 어디 이것뿐이겠는가. 더 중요하고 급한 과제도 많이 있을 것이다. 그러나 이것이 최소한의 과제라고 생각한다.

누가 뭐라고 해도 교사들의 첫 번째 사명은 우리 학생들을 사랑으로 지도하는 것이다. 그 점에서 어떤 경우에도 어른들의 잘못된 사고로 인해 학생들에게 피해를 주는 일은 막아야 한다. 만약 잘못된 교육정책으로 학생들이 손해를 입게 된다면 우리는 정책을 탓하기에 앞서 그 피해를 최소화한 후 잘못된 교육정책을 바로잡아야 할 것이다.

〈이렇게 생각한다〉   이창희 서울 강현중 교사 등록 2002.05.20 00:00:00

지방직화 왜 서두르나.

최근 정부는 국가직인 교원을 지방직으로 전환하는 방안을 추진 중에 있다고 밝혔다. 언론보도만으로는 교원의 지방직화가 눈앞에 다가온 느낌이다. 구체적인 시안이 완성된 느낌마저 든다.

교원단체의 반대에 부딪히자, 정부는 교원의 지방직 전환에 대해서는 본격적으로 논의한 적이 없고, 단지 현재 시·도 교육감에게 위임된 교육공무원 임용권 이양을 논의했을 뿐이며, 업무처리의 간소화 및 지방 교육의 자율성 증대와 지방교육자치 활성화 측면에서 시·도 교육감에게 이양해 달라는 시도교육청의 의견을 타당한 것으로 받아들여 신중히 검토하기로 한 것이 전부라며 곧 해명했다.

하지만 그저 '검토'하고 있다는 해명에도 불구하고 지방직화 추진은 이미 결정됐으며 지금은 그 절차를 따르기 위해서 시간을 갖고 연구하겠다는 의미로 비쳐 불씨는 여전히 남아 있다는 느낌이다.

물론 교육자치라는 측면에서 교원 지방직화는 언젠가 이뤄져야 하겠지만 지방자치단체의 재정자립도에 차이가 작지 않은 만큼 신중히 결정해야 할 문제다. 만일 이대로 추진된다면 지역적으로 교육격차가 불 보듯 뻔하고 교원 보수의 차등화로 강한 반발을 불러일으킬 게 분명하다. 모든 문제가 그렇듯이 지방직화로 어떤 장점이 있고, 교원들에게 어떻게 불이익 없이 추진할 것인지를 명확하게 밝혀야 한다.

잊힐 만하면 한 번씩 교원을 불안 속으로 몰아넣는 지방직화 추진이 왜 튀어 나오는지 씁쓸할 따름이다.

〈현장제언〉　　　　　　　　　　이창희 서울 강현중 교사　등록 2002.06.03 00:00:00

학교 인사 관행부터 바꾸자

학교 내 인사는 대부분 관행을 따르는 경향이 짙다. 즉, 부장 인선에서는 능력보다 나이가 우선시되고 있으며 업무 분장에서는 어렵고 힘든 업무에 특정한 교사가 계속 배치돼 형평성이 떨어지고 있다.

학교로서는 이렇게 하면 말썽 없이 업무가 잘 이루어지기 때문에 별 탈 없으면 이런 관행을 지속하려 한다. 정말 불합리한 점은 평소 힘든 일은 거의 하지 않았는데도 나이가 많다는 이유로 쉽게 부장이 되는 경우다. 반면 한두 살 젊은 교사들은 남들보다 훨씬 일찍 출근해 하루 종일 업무에 매달려도 아무런 혜택도 없고 또다시 해가 바뀌어도 그대로 어려운 일을 맡는다. 나머지 교사들은 업무량이 많지 않아 자신만의 시간을 가질 수도 있다.

물론 나이를 무시하는 것은 아니다. 그러나 부장으로 임명하는 것만이 나이 많은 교사들을 우대하는 것이라고는 볼 수 없다. 교총에서도 젊은 교사들을 아우르기 위해 다각적인 노력을 펼치는 것을 볼 때 일선 학교에서 나이를 우선시하는 관행은 반드시 깨져야 할 문제라고 생각한다.

그래서 이런 문제를 슬기롭게 해결하기 위해 노력하는 한 학교장의 사례는 눈여겨볼 만하다. 그 학교에서는 일단 1년이 지나면 모두 보임을 해직한다고 한다. 그리고 새 학년이 시작되기 전에 모든 교사에게 부장의 문호를 개방한 후, 앞으로 1년간 부장이 되면 어떻게 부서를 이끌 것이며 어떤 업무를 특색 있게 할 것인가를 계획서로 미리 받는다고 한다.

학교장이 구상하는 사업도 미리 제시한다고 한다. 그리고 부장을 원한 교사들을 상대로 개별 면담을 통해 객관적이고 합리적인 근거에 의해 부장을 임명한다고 한다. 누구든 능력만 갖추면 부장으로 임명하고 매년 이런 절차를 계속 반복해 한번 부장이 되면 계속 부장으로 근무하는 관행이 없어졌다고 한다.

앞으로 일선 학교에서의 인사는 이런 식으로 이뤄져야 한다. 그리고 업무 분장과 담임 업무는 순환하는 것을 원칙으로 해야 한다. 그래야 특정 교사가 쉬운 업무와 어려운 업무를 계속하는 일이 없어질 것이다. 교사의 전문성을 높인다는 측면에서도 업무를 돌아가면서 골고루 맡는 것이 당연하다고 생각한다. 가장 기초적인 학교에서부터 관행을 깨는 것이 진정한 교육개혁이 아닐까.

〈새 아침을 열며〉　　　　이창희 서울 강현중 교사　등록 2002.12.26 16:14:00

교육 논리가 서는 해이기를

계미년 새 태양을 바라보면서 올 교육계의 변화, 아니 교육 정상화를 고대한다. 특히, 새 대통령 당선인의 공약들은 교육계에 희망의 불씨를 살릴 것으로 보인다. 앞으로 일선 학교에 대폭적인 권한 이양이 이루어질 것이고, 우리가 바라는 수석교사제도 도입될 날이 머지않았다는 생각이다.

그러나 이 시점에서 꼭 짚고 넘어갈 것이 있다. 그것은 교육정책을 입안하는 과정에서 교육을 있는 그대로, 교육 논리에서 봐 달라는 것이다. 불과 몇 년 전 우리의 교육은 철저하게 경제 논리에 휘말려 있었다. 나이 든 교사 1명 퇴직에 신규 교사 2.5명을 임용한다는 그럴듯한 논리를 다시 이야기하지 않더라도, 경제 논리는 그 무엇보다도 우위에 있었던 것이 사실이다.

그 결과 나타난 것은 교원의 증원도 아니었고 수업 경감과 업무경감도 아니었다. 학급당 학생 수가 OECD 수준으로 줄어든 것은 더욱 아니었다. 그로부터 2년 후, 교사들은 또 한 번의 이상한 논리에 휩싸였다. 다름 아닌 정치 논리다. 교원 정년 63세 연장안을 놓고 여·야가 벌인 논리는 분명히 정치 논리였다.

그 바람에 이미 곤두박질친 교원의 사기는 바닥을 쳤고, 학교 교육은 혼미에 빠져들었다. '교육의 질은 교사의 질을 뛰어넘을 수 없다.'라는 이야기를 굳이 하지 않아도 교원의 사기와 의욕이 저하된 교육 현장은 정상을 찾을 수가 없다.

초등학교 교사의 부족 사태는 작년에 이어 올해는 최악의 상황이라 한다. 지난해 실시된 신규 교사 임용시험에서 일부 지역을 빼고는 정원도 채우지 못했다. 정원이 채워진 지역도 50대 이상이 상당수 신규 임용시험에 합격한 상태다. 정부에서 선택한 경제 논리가 정부에 의해 철저하게 무너지는 현실을 경험하고 있는 것이다.

교육정책은 경제 논리는 물론이거니와, 정치 논리로도 해결할 수 없다. 오로지 교육은 교육 논리로 풀어나가야 한다. 발전적인 교육을 위해서는 교육이 교육자 즉, 현장 교원들의 손에 달려 있음을 인정해야 한다. 교육의 질을 높이고자 하는 의욕이 있다면 경제 논리도 정치 논리도 설 자리가 없는 것이다.

이제는 2003년이다. 양모의 포근함과 따스함을 교육계에서도 느낄 수 있는 새로운 한 해가 되었으면 한다.

〈현장제언〉 이창희 서울 강현중 교사 등록 2003.02.20 14:10:00

교육정책, 서두르면 체한다.

가끔 지하철을 타고 출근하다 보면 '사람들이 무척 바쁘게 살고 있구나'라는 생각을 하게 된다. 열차가 도착하면 일시에 많은 사람들이 에스컬레이터를 타고 내려가서 환승을 하기 위해 입구로 몰려든다. 사람들은 조금이라도 빨리 가기 위해 서서 가는 오른쪽보다는 걸어서 가는 왼쪽을 선호한다.

그런데 오히려 오른쪽보다 왼쪽이 더 느려지는 경우가 자주 생긴다. 사람들이 많이 몰리는 왼쪽을 피해서 오른쪽에 일단 올라섰다가 도중에 왼쪽으로 끼어드는 사람들이 많아 왼쪽이 정체되기 때문이다. 조금만 여유를 가지면 편하게 서서 갈 수도 있는데 급한 마음에 왼쪽으로 끼어들고, 그 결과 애초에 왼쪽에 탔던 사람들에게 피해를 주는 것이다.

우리의 교육정책을 살펴보면 뭐가 그리 바쁜지 이해가 잘 안되는 부분이 간혹 눈에 띈다. 최근 교육부의 발표에 따르면 교사 다면평가제를 빠르면 연내에 실시한다고 한다. 능력 있고 우수한 교단 교사가 우대받을 수 있도록 교원들의 승진 체계를 다양화한다는 차원에서 도입을 적극 검토하고 있다는 것이다. 이러한 측면에서 볼 때는 취지도 어느 정도 수긍이 가고 다면평가제가 시대적 요청일 수도 있다고 생각한다.

그러나 그로 인한 문제점 등을 얼마나 검토했는지가 궁금하다. 단순히 평가 방법에 변화가 있을 뿐, 다면평가제로 교원들의 승진 체계가 다양화될 것으로 생각되지는 않는다. 더욱이 부장 교사와 교사가 서로를 평가한다면 그것이 현실적이고 공정한 평가가 될지, 그러한 모습이 교직 사회에 잘 어울릴지도 염려스럽다.

작년에는 올해 9월부터 외국인도 초·중·고교의 기간제 교사가 될 수 있게 문호를 개방한다는 발표가 있었다. 교육부 관계자는 "교육·연구·기술 등 특정 분야의 직위에 외국인을 기간제로 임용할 수 있도록 한 국가공무원법 제26조 3항 신설에 따른 후속 조치"라고 설명했다. 국가공무원법이 개정되자 교육 관련법을 개정하여 타 공무원에게 적용되기 이전에 교육계에 바로 적용하는 것이다.

변화하는 시대에 빠르게 대처하는 것은 좋지만, 이 정책 역시 현재의 현실을 무시한 발상이라 생각된다. 현재 초등학교를 제외한 학교급에서는 교원 자격을 취득한 예비 교사들이 많이 있다. 이러한 시점에서 외국인에게 문호를 개방한다는 것 자체가 무리한 정책이다. 그렇지 않아도 7차 교육과정으로 기간제 교사가 증가하고 있는데, 외국인마저 뛰어들면 교육의 질은 갈수록 떨어지고 중등 예비 교사들의 적체는 더욱 심화될 것이다.

물론, 세계화·국제화 정책이 잘못된 것은 아니다. 그러나 외국인 교사를 임용한다고 해서 세계화·국제화가 실현되는 것일까. 문화와 전통에 대한 교육은 어떻게 할 것이며 기간제 교사만 자꾸 늘려 가면 학교의 일반업무는 누가 할 것인가. 현직 교원들은 실력이 없기 때문에 외국인 교사가 필요한 것인가. 예전에 원어민 영어 교사를 임용했더니 학생들의 영어 실력이 엄청나게 향상되었는가. 그렇지 않았다. 그러한 예산으로 현직 영어 교사들의 재교육에 투자한다면 훨씬 더 좋은 효과를 거둘 수 있을 것이다.

교육과 관련된 정책들은 많은 검토와 수정을 거치더라도 실제로 실시해 보면 예기치 않았던 문제점이 발생하곤 한다. 지금까지 제대로 정착되지 못하고 때로는 시행조차 되지 못했던 교육정책이 많은 이유는 이에 대한 세심한 검토가 없었기 때문이라는 점에 대다수가 공감할 것이다. 최소한 경과 기관을 두고 교사들의 의견수렴을 거친 후 천천히 실시해도 늦지 않다고 생각한다.

교사들은 많이 변하고 있다. 변화하는 시대에 발 빠르게 대처하기 위해 모두 노력하고 있다. 현장 교원의 사기를 올릴 방안을 마련하고 정상적인 교육이 이루어지도록 정부 차원의 노력이 요구된다고 하겠다. 교육정책은 바쁘게 시행

한다고 해서 될 일이 아니다. 잘못된 정책으로 고생하고 피해를 보는 학생과 교사들이 얼마나 많은가. 너무 서두른 탓에 도리어 정체를 빚는 지하철 에스컬레이터 같은 정책이 양산되어서는 안 될 것이다.

〈교육부총리에게 바란다〉 이창희 서울 강현중 교사 등록 2003.03.13 18:05:00

교육계 의견 가려들어야

　어렵고도 힘든 과정을 거쳐서 새 교육부총리가 결정되었다. 그동안 나름대로 교육 발전을 위해 노력해 온 윤덕홍 부총리이기에 교육 현장의 어려웠던 문제들이 이제는 서서히 풀릴 것으로 기대를 해본다. 아마 이것은 교육에 관심 있는 모든 이들이 가지고 있는 공통적인 마음일 것이다. 이러한 의미에서 새 교육부총리에게 현장의 교원으로서 바라는 몇 가지를 부탁드리고자 한다.

　첫째, 일부의 목소리를 전체의 목소리로 받아들이지 않았으면 한다. 우리 국민들 모두가 교육에 관해서는 필요 이상이리만큼 관심이 높다. 따라서 어떠한 이슈가 있을 때 그것에 대한 의견도 가지각색이다. 여러 의견 중 과연 어느 것이 교육 발전을 위한 의견인지, 혹시 그중에 개인적인 이해관계가 개입된 것이 없는지 철저히 검증한 다음 정책에 반영해야 한다.

　둘째, 급격한 개혁을 자제해 주었으면 한다. 교육도 다른 분야와 마찬가지로 변화를 주어야 하는 것만은 틀림이 없다. 그러나 교육은 다른 분야의 개혁과는 다르게 진행되어야 한다는 것을 꼭 기억해야 할 것이다. 만일의 경우 급격한 개혁으로 혼란이 생긴다면 현재 학교에 다니고 있는 학생들에게는 피할 수 없는 피해가 생길 수 있기 때문이다. 우리 교사들에게는 단 한 명의 제자들도 매우 소중하다. 단 한 명의 제자라도 교육개혁에 피해를 보는 일은 없어야 할 것이다. 개혁이 아닌 점진적인 개선이 필요한 것이다.

　셋째, 교육은 교육 논리로만 풀어 주었으면 한다. 그 어떤 논리도 교육 논리 앞에서는 설 자리가 없도록 해야 할 것이다. 현재의 교육이 어려움을 겪고 있는 이유를 굳이 언급하지 않더라도 교육 문제 해결은 오로지 교육 논리밖에 없음을 잘 알 수 있다.

넷째, 초·중·고교의 현장을 파악하고자 항상 노력해 주셨으면 한다. 예전에 현장경험이 있다고는 하나 초·중·고에 대한 감각은 아무래도 대학보다 떨어질 것이라 여겨진다. 이에 대한 많은 노력을 부탁드린다.

예전에는 장관이 바뀌면 뭔가 실적을 올리기 위해 새로운 정책을 분별없이 늘어놓았다가 또다시 장관이 바뀌면 슬그머니 자취를 감춰버리는 정책이 많았다. 이제는 그러한 실적 위주의 정책이 서지 못하게 해야 한다. 정말로 교육을 걱정하고 교육 발전을 위해 서로가 머리를 맞대고 고민하는 시대가 열려야 할 것이다.

〈현장제언〉   이창희 서울 강현중 교사   등록 2003.07.16 15:36:00

공교육 정상화가 더 시급하다.

사교육비 경감에 대한 기대는 어제, 오늘 일이 아니다. 교육 문제를 다룰 때마다 사교육비에 대한 수많은 대책이 나오고, 교육과 관련된 각종 선거에서도 사교육비 경감에 대한 공약이 단골 메뉴가 된 지 이미 오래다.

올 한 해 사교육비는 어림잡아 8조 원을 넘어설 것이라고 한다. 사교육에 퍼붓는 가욋돈은 최근 3~5년간 최고 6배까지 증가하였다고 한다. 사정이 이렇다고 해서 교사가 아닌 다른 이들을 학교 교육으로 끌어들인다는 것은 발상 자체가 공교육을 더욱더 궁지로 몰아넣는 꼴이 될 것이다. 학교는 순수한 교육의 장으로만 이용되어야 한다. 사교육이 실시되는 학교는 이미 제 기능을 잃은 것이다.

일선 학교에서는 특기·적성교육을 나름대로 내실 있게 실시하여도 학생들의 지원이 갈수록 줄어들고 있다. 일선 학교 교사들의 실력이 모자라기 때문일까. 그렇지 않다. 교사들이 모든 강좌의 특기·적성교육을 담당하는 것이 아니다. 강사를 공개로 모집하여 컴퓨터, 일본어 강좌, 중국어 강좌, 힙합댄스, 사물놀이 등 다양한 분야에서 전문적인 자질을 갖춘 유능한 강사들을 채용하고 있다.

초창기에 특기·적성교육이 실시되었을 때는 각 시·도교육청에서 일정액의 수강료를 지원해 주었다. 그러다가 이것이 대폭 축소되다 보니 수강료가 상승할 수밖에 없었고 결국 학생들의 수강이 감소하는 결과를 낳게 된 것이다.

속사정이 이런데도 사설 기관들이 학교시설을 임대하여 학생들에게 싼값에 다양한 프로그램을 제공한다고 한다. 과연 현재의 특기·적성교육 수강료보다 더 싸게 운영할 수 있을지 의문이다. 엄연히 학교에서 자율적으로 이루어져야 할 특기·적성 교육마저 사설 기관으로 넘어간다면 학교 교육은 어디서 어떻게 정상화를 시켜야 하는가.

특히, 예·체능 교과와 컴퓨터는 학교의 정규교과임에도 불구하고 사설 기관이 학교 내로 들어와서 교육을 한다면 이들 교과 분야에서 학교는 더 이상 필요 없어지는 꼴이 될 것이다. 지금은 학교 교육에서 사교육을 흡수할 수 있는 제도적 장치를 마련하는 것이 더 급한 일이다. 이를 위해서는 학교 교육을 정상화 시키기 위한 재정적 투자와 행정적 지원이 우선돼야 한다.

학교에서 교사들이 특기·적성교육을 등한시하는 이유가 무엇인지 더 먼저 인식해야 한다. 실력이 없으니, 학교는 장소를 빌려주고 대여료만 받으라는 식의 사고는 이 시대의 교육을 걱정하고 해법을 찾기 위한 자세가 단연코 아니다.

학교는 불신의 대상이 아니다. 학원이 선망의 대상은 더더욱 아니다. 학교를 사랑하고 신뢰하는 풍토를 조성하여 학교 교육을 정상화시키는 길은 순전히 교육 당국의 의지와 노력에 달려 있다. 그 의지와 노력에 교사·학부모·학생들의 의식 개혁이 함께 공존한다면 학교 교육에 사교육을 끌어들인다는 발상은 자연히 사라지지 않을까.

〈현장소식〉 이창희 서울 강현중학교 등록 2003.08.30. 15:42:46

금연, 절주하면 건강해 진대요.

서울 강현중학교(교장: 이○○)는 인근 보건소의 협조를 받아 금연, 절주 가두캠페인을 벌였다. 학생들의 수업이 끝난 후에, 지원자를 모집하여 15시 30분부터 17시 30분까지 두 시간여 동안 전단지 배포와 함께 캠페인을 벌였다.

이번 캠페인에는 인근의 동작보건소에서 홍보물 제작을 협조해 주었다. 이 날 행사에는 학생 80여 명과 교사 6명이 참가하였으며, 시민들의 반응이 매우 좋았다는 자체 평가다.

이 학교 이○○ 생활지도부장(46)은 "그동안의 홍보 효과로 교내 흡연자는 거의 0%에 가깝다. 이런 효과를 인근의 지역주민과 타 학교 학생들에게도 홍보하기 위해 이런 행사를 마련했다."고 행사의 취지를 설명하였다.

흡연은 백해무익(百害無益)이다. 금연, 절주하면 자신의 건강은 물론, 사회 전체의 건강을 가져올 수 있다. "모두 금연, 절주합시다."

Part 2

2004. 1. ~ 2004. 12.

다시 이슈 속으로

〈현장제언〉   이창희 서울 강현중 교사   등록 2004.01.08 16:42:00

희망찬 2004년을 향해

2003년이 역사 속으로 자취를 감추고 2004년, 갑신년(甲申年)의 아침이 열렸다. 어제도 맞았던 아침을 오늘도 맞이했지만, 오늘의 아침이 어제와 다르게 느껴지는 이유가 무엇일까. 새해를 맞이하였기 때문에 뭔가 새로운 계획을 세우고 희망에 부풀게 되는 것이다.

안개 낀 공항, 안개가 낀 고속도로도 시간이 지나면 태양이 떠오르고 그와 동시에 안개는 걷히게 된다. 올해는 교육계에서도 안개가 걷히고 언제나 불타는 태양을 볼 수 있는 해가 되었으면 한다. 이렇게 볼 때 2004년은 매우 중요한 의미를 갖는다. 그동안 교육계를 뒤덮었던 안개가 걷힐 시기가 다가온 것이다. 밝은 태양이 교육을 작금의 위기에서 구해줄 것이다.

돌이켜보면 지난해는 교육계에 크나큰 일들이 많았던 한 해였다. 일일이 열거하지 않아도 교육에 조금이라고 관심이 있는 이라면 쉽게 떠오르는 것들이 많을 것이다. 과거는 빨리 잊는 것이 좋다고 했다. 이제는 새해이다. 새로운 뭔가에 대한 기대가 정말 크다. 그 기대는 곧 희망으로 다가올 것임을 믿고 싶다. 아니, 믿는다.

이제는 교육을 위해서 모든 힘을 집중해야 한다. 그 시작에는 2004년이 있다. 그래서 2004년은 더욱더 희망이 있다는 이야기이다. 교육부의 수장도 바뀌었다. 경험이 풍부하다고 알고 있다. 풍부한 경험과 번뜩이는 아이디어로 교육 발전에 많은 기여를 했다고 들었다. 조용하고 모든 업무를 치밀하게 추진하는 스타일로 실수가 거의 없다고도 들었다. 이런 스타일에 견주어 볼 때 2004년은 합리적인 교육개혁이 이루어지는 원년이 될 것임을 굳게 믿는다. 누구도 이루지 못했던 교육계의 난제들이 해결될 것으로 기대하고 또 기대해 본다.

교육계의 현안은 너무도 어지러울 정도로 여기저기 흩어져 있다. 한꺼번에 손을 쓸 수는 없을 것이다. 현안의 경·중이 필요하다. 세밀한 계획과 검토가 필요하다는 뜻이다. 따라서 여론몰이식의 교육정책 입안은 반드시 사라져야 한다. 소신 있는 교육정책 추진을 기대해 본다.

현재의 교육계에는 세밀함과 집중력이 필요하다. 이들 토대 위에 추진력이 합쳐져야 한다. 이런 바탕에서 교육개혁이 진행된다면 효과는 배가될 것이다. 낙숫물이 바위를 뚫을 수 있는 것도 오랜 세월 한 곳에 모든 힘을 집중했기 때문이다. 2004년은 낙숫물이 바위보다 더 단단한 것도 뚫어낼 수 있을 정도의 집중력을 발휘해야 한다. 그러기 위해서는 교육에 몸 담고 있는 모두의 힘이 하나로 집중되어야 할 것이다.

〈이렇게 생각한다〉   이창희 서울 강현중 교사 등록 2004.06.21. 09:25:00

피곤한 우리의 교육

매일 같이 퇴근길에 오르면 하는 일이 있다. 하루를 어떻게 보냈는지, 잘못한 일은 없는지 다시 한번 생각해 보는 일이다. 아이들에게 효과적인 수업을 하였는가, 오늘 처리해야 할 업무는 잘 처리하였는가.

아이들에게 혹 상처가 될 만한 말은 하지 않았는가. 모든 일에 최선을 다하였는가. 이런저런 생각을 하다 보면 어느새 집이 가까워지곤 한다. 그날도 다른 날과 마찬가지로 이런저런 생각에 빠져 있었다. 다른 날과 좀 다른 것이 있었다면, 그날은 운전기사 바로 뒷좌석에 앉아 있었다는 것이다. 버스는 이미 몇 정거장을 지나고 있었다. 그때, 운전석 위쪽에 있는 거울을 통해 운전기사의 모습이 눈에 들어왔다.

약간 상기된 모습이었다. 왠지는 정확히 알 수 없지만, 눈이 약간 충혈되어 있었다. 그리고, 피곤할 때 나타나는 쌍꺼풀 형태의 눈꺼풀도 함께 들어왔다. 버스가 멈출 때마다 기지개를 켜는 모습도 눈에 들어왔다. 뭔가 귀찮고 힘들어 하는 모습이 역력했다. 몹시 지친 모습에 피곤함이 그대로 드러나는 형상을 하고 있었다. 뭔가 뚜렷한 이유는 없는 것 같은데도 그 기사는 몹시 피곤해하고 있는 것이었다.

그런 기사의 모습을 보면서 바로 전까지 내가 생각했던 것을 떠올려 보았다. 사교육비, 수능, 대학입시, 수준별 수업, 그리고 학교 내에서 일어나는 교사들 간의 갈등, 점심시간에 다투었던 두 녀석은 마음이 풀어졌을까 대충 이러한 생각을 하고 있었다.

아침에 출근하면 "오늘도 뭔가 최선을 다하는 모습을 아이들에게 꼭 보여줘야지"라고 생각하는 것이 거의 매일 이다. 물론, 교사의 본분은 학생들을 열심히 지도하는 것이다. 그 중심에 서있는 것이 수업이라는 데에 이의를 제기하고 싶지 않다. 그런데, 자꾸 수업보다 다른 부분에 신경이 쓰이는 때가 많은 것은 무슨 이유일까.

그날 그 기사의 모습에서 해답을 찾고 싶다. 기사는 몹시 피곤한 상태로 보였다. 외관상으로 볼 때 버스는 아무 일 없는 듯이 잘 달려가고 있었다. 그러나 그 기사의 모습을 가까이서 지켜본 사람들이라면 왠지 불안함을 느꼈을 것이다. 현재 우리의 교육이 바로 그 기사의 피곤함과 같은 상태가 아닐까, 싶다. 표면적으로 잘 나타나지 않지만, 내면에는 뭔가 잘 안되고, 제대로 손발이 맞지 않는 부분이 존재한다는 느낌이다.

어느 선생님이 이런 이야기를 하는 것을 들은 적이 있다. "우리나라의 교육을 되살리기 위해서 노력하자는 것은 말이 안 된다." 그 선생님의 논리는 이렇다. 우리나라 교육이 언제 정상적으로 잘 이루어진 적이 있었느냐는 것이다. 되살린다는 말은 예전에는 정말 잘 되었었는데, 언제부턴가 잘 안되었을 때, 다시 예전처럼 잘해보자는 뜻으로 이야기할 때만 가능한 표현이라는 것이다.

논리가 조금 비약된 면도 없지 않지만, 어느 정도 수긍이 가는 대목이다. 되살리는 교육이 아니고 살려야 하는 교육이 되어야 할 것이다. 지금 우리의 교육은 왜 피곤한 것일까. 그것이 궁금하고 답답할 따름이다.

〈칼럼〉   이창희 서울 강현중학교 등록 2004.10.12 15:20:00

교원 해외연수 불평등 심하다.

최근 들어 국비로 실시되는 교원의 해외연수가 활발히 이루어지고 있다. 특히, 서울시교육청의 경우 월 1회꼴로 연수가 시행되고 있다. 문제는 이 연수가 교원들을 위한 연수인지 관리직(교장, 교감)과 전문직을 위한 연수인지 명확하지 않다는 것이다.

일례로 15명의 연수 단원 구성에 있어서 교장 2명, 교감 3명, 교사 3명, 전문직 4명, 홍보요원 1명, 행정요원 1명 등이다. 줄잡아 서울시 내 교사 수를 5만 명으로 볼 때, 3명의 교사가 해외연수를 가게 된다면, 여기에 뽑히는 것은 하늘의 별 따기보다 어려운 확률이다.

반면, 교장 2명, 교감 3명, 전문직 4명은 이들 교사보다는 확률이 훨씬 높아지는 것이다. 일선 학교에서는 그나마 교장이나 교감을 추천하게 되면 교사는 추천을 아예 포기해 버리게 된다. 일선 학교 교사들은 이에 대하여 강한 불만을 나타내고 있다.

"눈치가 보여 교장이나 교감이 가려고 하면 교사는 어쩔 수 없이 포기해야 한다. 5만 명 중 3명이 갈 수 있다면 아예 추천 자체를 포기하겠다. 신청해 봐야 소용이 없더라. 전문직들은 순서를 정해놓고 간다더라. 작년에 교상선생님이 다녀온 곳은 올해는 어렵다고 하더라."등의 불만을 겉으로 표출하고 있는 것이 현실이다.

교원의 전문성을 높이기 위한 해외 연수라고 하지만, 교원보다는 전문직이, 교사보다는 교장, 교감이 더 우대받는 해외연수는 개선되어야 한다. 특히, 교원이 아닌 전문직을 우대한다는 것은 교원의 전문성과 관련이 별로 없는 것이다.

물론, 전문직도 교원 출신이고 나중에 다시 교원으로 전직을 하게 되겠지만, 그렇지 않아도 상대적인 소외감을 느끼는 교원보다 우대받는다는 것은 형평성이 떨어진다고 하겠다.

〈칼럼〉   이창희 서울 강현중학교   등록 2004.11.16 20:12:00

실업계 고등학교 활성화 방법 없나!

　요즈음 서울시내 중학교에는 실업계 고등학교 관계자의 방문이 자주 이루어지고 있다. 당연히 실업계 고등학교에 학생들을 보내달라는 부탁을 하기 위해서이다.

　시교육청 주관으로 중학교 3학년 담임과 학부모 연수를 실시했다. 말이 진로지도에 관한 연수이지, 그 내면에는 실업계 고등학교 진학을 종용하고 있다는 느낌이 많이 드는 연수이다. 또 각 교육청에서도 대부분 이와 같은 내용을 홈페이지를 통해서 홍보하고 있다. 물론, 선택은 학생과 학부모가 하는 것이지만, 간혹 정도가 지나치다는 느낌도 든다.

　해미디 반복되는 이러한 연례행사가 벌써 수년 동안 반복되고 있다. 이렇게 여러 해 동안 반복되고 있다는 것은 그동안 실업계 고등학교에 학생들을 진학시키기 위해 항상 미봉책으로 일관해 왔기 때문이다. 확실한 해결책이 있을 수 없겠지만, 매년 이맘때에만 진로지도 연수라는 명목으로 교사, 학부모를 동원한다는 것은 문제가 아닐 수 없다.

　실업계 고등학교에 진학을 하지 말라는 뜻이 아니다. 실업계 고등학교의 장·단점을 적극 홍보는 해야 하겠지만, 진학대상자들이 "교사들이 자꾸 실업계를 권한다."라는 느낌을 받는 것은 그 자체가 문제라는 뜻이다. 심지어 학생들 입에서 실업계에 많이 보내는 담임에게 혜택이 있는 것이 아닌가 하는 이야기까지 나오는 현실이다.

　한편으로는 실업계고등학교에서 홍보를 나오면 거의 모든 학교가 "우리 학교에 오면 대학 진학을 쉽게 할 수 있다."라는 이야기를 한다. 실업교육의 목적이 대학 진학에 있는 것은 아니다. 이 역시 미봉책으로 실업계고등학교 출신들에게 대학

입학의 특혜를 일부 주는 제도를 만들었기 때문에 나타나는 현상이다.

　교육정책은 미봉책으로는 절대로 해결될 수 없음을 우리는 그동안의 경험으로 충분히 알고 있다. 중3 학생들의 절대 수가 줄어드는 형편에서 고등학교의 정원이 도리어 중3 학생들보다 많다는 것 자체가 문제인 것이다. 매년 미달 사태를 빚고 있는 실업계고등학교는 인문계로의 전환도 고려해 볼 때이다. 또, 그래도 해결책이 없는 학교는 과감히 문을 닫도록 해야 할 것이다.

　실업계고등학교가 살아남기 위해 다각적인 노력을 하는 경우도 많은데, 이런 학교에는 정부 차원에서 과감한 투자를 하여 특색있는 학교로 거듭나도록 해야 할 것이다. 현재와 같은 상황에서 학생과 학부모의 얼굴만 바라보는 식의 학생 유치는 반드시 한계에 부딪힐 것이다.

　실업계고등학교의 육성책을 원점에서부터 검토할 시점이 아닌가 싶다.

〈현장소식〉 이창희 서울 강현중학교 등록 2004.11.16 20:10:00

수능 감독관 차출 문제 있다.

올해도 예년과 마찬가지로 11월 17일에 대학수학능력시험이 실시됐다. 대학 진학을 위한 관문이니, 그 시험 자체를 이야기하고자 함이 아니다.

수능 시험 때마다 고등학교 교사는 물론, 중학교 교사까지 시험감독관으로 차출되고 있다. 서울 시내 중학교의 경우는 거의 모든 학교가 20여 명 내·외의 교사가 차출되고 있다. 물론, 수능시험이 국가적인 대사이므로 교사들이 나서서 감독을 하는 것은 당연하다고 생각할 수도 있다.

이에 따라 고등학교는 물론 중학교까지 수능 시험일에 임시 휴업을 단행해야 한다. 1년에 1회이기 때문에 큰 문제가 되지 않다고 생각할 수도 있다. 그러나, 각종 선거에 개표 종사원으로 교사들이 참기히여 수업결손이 생긴다고 교육계 여기저기서 주장하면서 유독 수능시험 때문에 중학교까지 수업결손이 생기는 것에 대해서는 너무도 관대하다. 고등학교 역시 대부분이 시험장으로 이용되기 때문에 휴업이 불가피할 것이다.

대학 진학을 하는 학생들은 고등학생인데 중학교 학생들까지 그 영향을 받는 것이 안타깝다는 뜻이다. 대학에서 학생들을 선발해 간다고 볼 때, 시험장을 대학교로 할 필요가 있다. 물론, 감독관도 대학이 맡아야 한다. 이렇게 하면 대학교도 하루 휴교를 해야 하겠지만, 중·고등학교의 수업 결손에 비해서는 효율성에서 더 현실적이라는 이야기다.

대학에서 고등학교 학생들을 선발한다는 취지와도 맞는다는 생각이다. 감독관이 대학 관계자로 부족하다면 중·고등학교에서 약간 명만 지원을 받는다면 어느 정도의 수업결손은 해결이 될 수 있을 것이다. 각 학교에서 1~2명의 시험감독관 차출은 수업결손을 최소화할 수 있는 인원이다.

학사일정을 짜면서 꼭 수능일을 휴업일로 정해야 한다는 것 자체가 불합리한 것이다. 예전에 학력고사 시절에도 대학별로 실시했어도 문제가 없었다. 고사 자체를 국가에서 주관하기 때문에 대학에서 수능시험을 실시한다고 해도 큰 문제는 없을 것이다.

<칼럼>　　　　　이창희 서울 강현중학교 등록 2004.11.18 16:53:00

서명만이 의견을 전달할 수 있나

오래전부터 시민단체는 물론, 각종 단체들이 자신들의 의견을 개진하는 방법으로 서명을 이용해 오고 있다. 교직단체 역시 예외 없이 중요한 이슈에 대한 의견 전달 방법 '너나없이 서명?'을 해오고 있다.

그런데, 이 서명의 신뢰도를 100% 믿을 수 있느냐 하는 것이다. 물론, 뚜렷한 소신을 가지고 깊이 생각한 끝에 서명을 하는 경우도 있을 수 있다. 아니 그렇게 서명하는 경우가 대부분일 것이다.

그러나, 무슨 내용인지 제대로 살피지도 않고 서명을 해버리는 경우도 많다는 것이다. 그동안의 경험에 비추어 볼 때, 노상에서 자세한 설명 없이 서명 용지를 내놓아도 바쁘다는 이유만으로 그냥 서명하고 돌아서기 일쑤이다. 이런 경우에는 그저 서명 숫자만 키우는 결과를 가져오게 되는 것이다.

이런 연유로 인하여 수많은 서명을 해도 개선되지 않는 것일지도 모르겠다. 가장 손쉽게 의견 전달을 할 수 있는 방법이 서명임에는 틀림이 없지만, 그 신뢰도 역시 있는 그대로 인정하기는 쉽지 않은 것이 현실이다.

꼭, 서명만이 의견 전달의 수단은 아닐 것이다. 지난번에 있었던 교총의 길거리 기자회견 같은 경우는 몇만 명이 서명하는 것보다 더 좋은 방법이었다. 일단은 세간의 관심을 끌 수 있고, 객관적인 내용을 불특정 다수인에게 설명하여, 교육계에 이런 문제가 있다는 것을 손쉽게 전달할 수 있었기 때문이다.

중요한 이슈마다 서명하는 것은 전근대적 방법이라고 하겠다. 좀 더 발전적인 방향으로는 전환을 모색해 볼 때가 아닌가 싶다.

〈현장소식〉   이창희 서울 강현중학교 등록 2004.11.19 08:44:00

서울 서남부 지역 중학교 신설 시급

　서울 서남부지역의 금천구 시흥동 일대, 이곳은 시흥동 주거 개선 사업으로 아파트 7천여 세대가 최근 5~6년 이내에 들어섰다. 새로 들어선 아파트와 기존의 아파트를 합하면 최소 1만 세대 이상은 족히 될 것이다. 서울을 포함한 수도권에서 대규모 아파트가 들어서고 인구가 늘어나는 것은 이곳뿐이 아닐 것이다.

　그러나, 이곳에 늘어난 아파트 세대와는 달리 인근에 중학교의 절대 수가 부족하여 학생들이 집에서 멀리 떨어진 곳으로 배정됨은 물론 인근에 있는 몇 개 안 되는 중학교는 학급당 40명을 웃도는 열악한 환경에서 수업을 받고 있다. 특히, 이곳에서 유일한 공립학교인 S중학교의 경우는 2005학년도에 학급수가 증가하고, 학급당 학생 수도 42~3명이 될 것으로 예상되고 있다.

　이학교 C교사는 "학교 교무실에 교사들이 책상을 놓을 공간도 부족한데, 학급수가 늘고 학생수가 증가하여 걱정이다. 교사가 앉을 공간도 없는데, 어떻게 학생 지도를 효과적으로 할 수 있겠는가"라고 푸념하기도 했다.

　한편 학부모들은 "아파트만 지어놓고, 학생들을 위한 학교 신설을 하지 않는 것은 학생과 학부모를 무시하는 처사"라고 강한 불만을 터뜨렸다.

　원래 서울의 서남부지역인 이곳은 교육환경이 다른 지역에 비하여 상대적으로 뒤떨어지는 곳으로 알려져 있다. 구로구에서 분구가 되면서 재정자립도가 떨어지고, 주민의 생활환경도 다른 구에 비해 열악한 편으로 알려지고 있다. 다른 환경과 맞물려 교육환경마저도 뒤떨어지고 있어, 학부모들의 불만이 최고조에 달하고 있는 것이다.

이런 사정에도 불구하고 시흥3동 뉴타운 개발 계획이 진행되고 있는 것으로 알려지고 있다. 아직 사업지구로 지정되지는 않았지만, 주민들 사이에서는 곧 지정되리라는 것이 중론이다.

이런 문제를 해결하는 가장 좋은 방법은 학교 신설이다. 그러나, 그보다 더 급한 과제가 또 있다. 주변에 사립 중학교가 2개교(1개는 남학교, 1개는 남여공학)가 있는데, 그 학교들은 교실에 여유는 있으나 건물이 오래된 탓에 위험성이 있기 때문에 학급수 증설이 어렵다는 것이다.

따라서 학교 신설에 앞서 이들 학교에 재건축을 위한 예산이 지원된다면 의외로 쉽게 해결이 될 수도 있다. 이곳의 교육여건 개선을 위해 하루빨리 학교 신설, 또는 학급수 증설이 이루어져야 할 것이다. 늦어지면 늦어질수록 학생과 학부모의 피해는 자꾸 커질 것이다.

이래저래 걱정이 커지는 요즈음 서울 서남부 지역의 학생과 학부모의 시름은 자꾸만 더해 가고 있다.

〈현장소식〉   이창희 서울 강현중학교 등록 2004.11.19 08:45:00

컴퓨터 기초부터 가르쳐 드립니다.

서울 동작구에 위치 하고 있는 강현중학교(교장 이○○)는 겨울방학을 이용해 컴퓨터의 기초가 전혀 없는 교사들을 위한 "컴퓨터 왕초보반"강좌를 개설했다. 서울시교육청으로부터 특수연수 기관으로 지정받아 실시하는 연수 과정이다. 지난 여름방학에는 전문적으로 동영상 편집을 할 수 있는 "동영상 편집" 강좌를 훌륭히 마쳤었다.

이 학교가 컴퓨터에 기초가 전혀 없는 교사들을 위한 강좌를 개설하게 된 것에는 특별한 이유가 있다. 현재 교육정보부장을 맡고 있는 이창희 교사가 2001학년도에 이 학교에 부임해 오니, 컴퓨터의 기초가 전혀 없는 교사들이 10여 명이 있었다.

그때는 특히, CS시스템을 이용하던 시절이었기에 교육정보부 교사들은 쉴 사이 없이 여기저기 불려 다니면서 컴퓨터를 가르쳐 주어야 했다. 개인의 업무를 처리할 엄두를 내지 못할 정도로 부르는 교사들이 많았다. 궁리 끝에 아침에 1시간 정도를 할애하여 교내 교사 중 컴퓨터 기초가 없는 교사들을 위해 약 2주간의 강좌를 개설했다. 예상외로 15명 정도의 교사들이 강좌를 들었고, 이로 인하여 컴퓨터의 기초가 부족한 교사가 한 명도 없게 되는 개가를 올렸다. 이를 계기로 이번에 강좌를 개설하기로 한 것이다.

컴퓨터 왕초보반에 비교적 고령 교사들의 신청이 쇄도할 것으로 예상하여 강사도 비교적 나이가 많은 교사에게 맡기기로 하였다. 그렇게 한 이유는 강좌를 듣는 교사들도 자신감을 갖도록 하기 위한 배려였다.

이 학교 이창희 교사는 "컴퓨터의 기초를 전혀 모르는 교사들이 기초를 체계적으로 배우고 싶어도 이와 관련된 강좌가 없었다. 그동안은 비교적 전문적인 강좌들이 주를 이루었는데, 이번 강좌를 계기로 컴퓨터의 기초가 부족한 교사가 한 명도 없었으면 좋겠다."라고 하면서 "컴퓨터 기초가 부족한 교사들의 많은 신청을 바란다."는 말도 잊지 않았다.

한편 강의를 맡은 여○○ 교사(58)는 "비슷한 연령대의 교사들이 나를 보고 희망을 갖고 강좌를 듣는다면 틀림없이 좋은 결과를 얻을 수 있을 것이다. 처음에는 강의 제안을 거부할까 했는데, 나마저도 나서지 않으면 고령 교사들이 컴퓨터를 기초부터 배울수 있는 기회가 사라질 것 같아서 강의를 하기로 했다."면서 역시 "많은 신청 바란다."는 말을 덧붙였다.

신청 초기임에도 불구하고 현재 6명의 교사들이 신청을 마친 상태이다. 연수 기간은 2005년 1월 4일부터 7일까지 4일간이고 시간은 오전 9시부터 오후 1시까지이다. 인원은 초·중학교 교사 30명으로 선착순 마감한다.

-무의 감현중학교 교육정보부 전화 02-816-7734 담당자 이창희-

〈칼럼〉   이창희 서울 강현중학교 등록 2004.11.23 07:38:00

중학교 3학년은 입시를 위한 학년인가

요즈음 서울 시내 중학교 3학년 학생들의 2학기 기말고사가 한창이다. 거의 모든 학교의 2학기 기말고사가 1~2일 차이로 진행되고 있다. 10월 초에 2학기 중간고사를 치렀으니 한 달 남짓 지난 시점에서 또다시 기말고사를 치르고 있는 것이다.

왜 이렇게 1개월 사이에 두 번씩이나 학생들을 시험으로 내모는지 모르겠다고 하겠지만 이것은 엄연한 현실이다. 이유는 간단하다. 고등학교 입시에 2학기 기말고사 성적까지 반영을 해야 하기 때문이다. 지금 시험을 보고 있는 학생들도 왜 이렇게 시험을 보아야 하는지 정확하게 알고 있는 학생들은 그리 많지 않다.

막연하게 고등학교 입시를 위해서라는 것 정도밖에. 심지어 학생들 중에는 "2학기 기말고사는 고등학교 입시에 반영이 안 되는데도 선생님들이 학생들에게 공부시키기 위해서 2학기 기말고사도 성적에 반영된다고 거짓말을 하고 있다."고 생각하는 경우도 있다.

서울 시내에서 고등학교 신입생을 내신 성적만으로 뽑기 시작한 것은 지난 1997년부터이다. 즉, 1998학년도 고등학교 입시부터 적용되었다. 실시 첫해인 1997년에는 2학기 기말고사 성적이 고등학교 입시에 반영이 되지 않았다. 그러던 것이 1998년(1999학년도 입시)부터 2학기 기말고사가 입시성적에 반영되기 시작하여 오늘에 이르고 있다. 이유는 학생들의 면학 분위기 조성이라고 했다. 시험을 입시 이후에 치르면 학생들이 공부를 제대로 하지 않기 때문이라는 것이다.

그러나, 현재는 그 현상과 반대 현상이 나타나고 있다. 사정이 그렇더라도 문제는 2학기 기말고사를 입시성적에 반영하기 위해, 필요 이상으로 시험을 앞당겨 치르고 있다는 것이다. 대략 11월 23~25일 사이에 기말고사가 끝나게 된다.

따라서 현재는 대부분의 수업 진도가 끝난 상태다. 시험 범위를 맞추기 위해서 진도를 마친 경우도 있겠지만, 대부분은 기말고사 이후에는 정상적인 수업을 하기가 어렵기 때문에 허겁지겁 진도를 마친 경우이다. 학생들은 "시험이 끝나면 모든 것이 끝이다."라고 생각하는 경향이 매우 짙다. 따라서 교사들 입장에서는 시험 전에 진도를 마쳐야 그나마 중3 교과서를 끝낼 수 있어서 진도를 빨리 나갈 수밖에 없는 것이다.

시험 마치고 1개월 이상을 교실에서 학생들을 잡고 있어야 한다. 이미 진도를 마쳤기 때문이다. 체험학습을 가는 것도 하루, 이틀이지 매번 체험학습을 나갈 수도 없는 것이 현실이다. 설령 체험학습을 자주 나갈 곳이 있다고 해도 연간 이수해야 할 실제 수업 시간(1,088시간)에 걸리게 되기 때문에 그럴 수도 없는 형편이다. 그야말로 3학년 수업을 담당하는 교사들은 요즈음부터 1개월 이상의 시간이 정말로 힘든 시간이다.

학생들 역시 마찬가지이다. 수업 시간에 제대로 참여하지 않고 영화나 비디오 등을 시청하자고 항상 교사들에게 요구한다. 교사들의 처지에서는 수업 시간을 그런 식으로 보내는 것 자체를 양심이 허락하지 않기 때문에 어떻게든 수업을 진행하려고 노력한다.

그럼 해결책은 없는 것인가? 잘 검토하면 의외로 쉽게 해결될 수도 있다. 물론, 전제조건은 있지만….

첫째, 체험학습 활동이나 기타 활동도 수업시수에 포함시켜 준다면 기말고사 이후에 다양한 활동을 할 수 있다.

둘째, 2학기 기말고사 성적을 고등학교 입시성적에 반영하지 않는다면 시험 시기를 뒤로 미룰 수 있어서 정상적인 수업 진행이 가능할 것이다. 실제로 예전에 고입선발고사를 볼 때나 1997년도에 2학기 기말고사 성적이 포함되지 않을 때는 현재의 경우보다는 수업 진행에 어려움이 덜했던 것으로 기억된다.

셋째, 고등학교 입시 시기를 지금보다 뒤로 늦추는 방안이다. 요즈음은 대부분의 학교에서 12월 말이나 되어야 겨울방학에 들어간다. 예전에는 겨울방학 하기 이전에 입시 관련 업무를 마치기 위해서 무리한 일정을 진행하였으나, 지금은 겨울방학 이전에 원서접수를 한다고 해도 시기를 좀 늦출 수 있을 것이다. 또, 겨울방학 이전에 반드시 입시 관련 업무를 마칠 필요는 없다고 본다.

교육에는 파행이 있어서는 안된다. 이렇게 비정상적으로 시험을 치르는 경우가 있어서는 더욱더 안 된다. 학생들을 위해서나 교사들을 위해서나 파행은 안 되는 것이다. 교육 발전은 작은 것부터 해결할 때 제대로 이루어지는 것이다.

〈현장소식〉   이창희 서울 강현중학교 등록 2004.12.25. 09:29:00

이런 활동 어떨까요.

"뭐라고?? 누가 새집을 샀다고…?", "아이참 그것이 아니고 시집을 간다고요.", "뭐라고, 새집을 간다고…?", "아이고 불쌍한 우리 아씨….",
"내 얼굴에 고칠 곳이 어디있냐?", "한 세 군데만 고치면 될 것 같은뎁쇼."

2004년 12월 24일, 크리스마스를 하루 앞둔날 서울 동작구 상도동에 위치한 강현중학교(교장: 이○○)강당 안에서 들려오는 학생들의 대화 내용이다. 이날 5교시와 6교시는 강당 안이 폭소로 가득 찼다. 졸업을 앞둔 3학년 학생들의 뮤지컬 공연장의 모습이다. 뮤지컬의 극본부터, 연출, 의상, 음악까지 모두 학생들이 준비했나고 한다. 학생들이 준비하고 부족한 면은 이 학교 3학년 국어 담당 정○○ 교사가 보이지 않는 노력을 했다는 후문….

이날 강당에 모인 학생들은 다른 행사에서 볼 수 없는 놀라운 집중력을 발휘했다. 단, 한 명의 학생도 잡담하는 모습을 찾을 수 없었다. 그만큼 뮤지컬의 수준이 상당히 높았다는 평가다.

학년말이라 3학년 학생들은 자칫 해이해지기 쉬운 시기인데, 이런 특별한 활동을 하도록 학교 측과 국어과 측의 세심한 배려가 있었다고….

　최소한 이날만큼은 강현중학교 학생들에게는 모든 것을 잊고, 학교 다니는 보람을 찾고 즐거운 시간을 보낸 하루였다. 3학년 김○○양은 "중학교 다니면서 가장 즐겁고 우리들 스스로 이정도를 할 수 있었다는 자부심을 갖기에 충분한 시간"이었다며 싱글벙글… 또 다른 3학년 이면서 직접 뮤지컬에 출연한 고○○양은 "뮤지컬 도중에 바지가 자꾸 내려가서 고생했지만, 정말 보람있는 시간이었다."고 하면서, "이런 자리를 만들어 주신 교장선생님과, 국어과 선생님들께 감사드린다."면서 역시 싱글벙글했다.

　이 학교 이○○ 교장은 "학생들 스스로 하는 활동에 대하여 염려도 많이 했지만, 실제로 지켜보니 우리학생들을 믿어도 된다는 확실한 믿음을 얻었다."고 매우 긍정적 평가를 내렸다. 직접 지도를 했던 정○○ 교사는 "그동안 학생들이 노력하는 모습을 보니, 앞으로 어떤 일이든지 잘 해나갈 것으로 믿는다."고 평가하였다.

　이 학교에서는 앞으로도 학생들 스스로 할 수 있는 활동을 많이 찾아내서 좀 더 활성화 시키도록 노력하겠다고 한다.

Part 3

2005. 1. ~ 2005. 12.

숨통이 트이고 활력을 찾아가는 학교

〈칼럼〉　　　　　　　　　　　　　　　이창희 서울 상도중학교　등록 2005.01.03 09:10:00

지방교육자치제도 개선안을 보며

　오는 2006년 지방선거부터 지방교육행정을 총괄하게 될 시·도 교육감을 주민 직선으로 선출하는 방안이 추진될 것으로 보인다. 그동안 교육감 선거를 둘러싼 비리와 후보 간의 담합, 교육계의 갈등 등이 표면으로 표출된지 오래다. 개선의 여지가 필요한 충분한 이유이다.

　일단, 이러한 문제점을 보완할 수 있는 방안으로 교육감의 직선제 선출은 환영한다. 또한, 지방분권 특별법에 "주민의 자발적 참여를 통하여"라는 부분에도 상당히 부합된다고 보겠다. 그동안의 교육감은 대표성이 결여 되었던 것이 사실이다. 진정한 대표 자격을 부여한다는 측면에서도 환영할 만하다.

　교육감의 직선제 도입 배경의 기본은 교육자치제도의 정착에 있다고 할 수 있다. 즉, 지방교육자치제도를 정착하기 위한 하나의 방안으로 볼 수 있다. 문제는 교육감 선출을 주민 직선으로 한다고 해서 교육자치제도가 정착되느냐 하는 것이다. 그동안 교육자치제도가 뿌리를 내리지 못한 것은 교육감 선출제도에만 문제가 있었던 것은 아닐 것이다.

　실제로 일선 학교에서는 교육자치의 기본은 학교 자치로 보고 있다. 교원, 학부모 모두가 원하는 것이다. 가장 시급한 과제이다. 학교를 교육행정의 말단 행정기관으로 보는 시각부터 사라져야 한다. 학교는 행정기관이 아니다. 학생들을 교육하는 교육기관일 뿐이다. 가장 기초적인 부분에서의 자치가 이루어져야 한다.

　학교를 말단행정기관으로 보는 시각 때문에, 교육자치를 일반자치와 통합하려고 하는 것으로 볼 수 있다. 이번 개선안에서도 교육자치를 일반자치와 통합하기 위한 포석이 아닌가 하는 부분이 있다. 있을 수 없는 일이다. 교육의 전문성은 아무리 여러번 강조해도 부족함이 없다.

"기초자치단체장인 시장·군수·구청장에게 관내 학교에 대한 시설개선 및 환경 개선 사업 지원을 비롯한 지역교육 특성화 사업을 할 수 있는 권한을 허용할 방침"이라는 부분이 있다. 기초 단체에서 학교내 시설개선 및 환경개선 사업 지원을 해야 하는 것은 당연한 것이다.

그러나, 지역교육 특성화 사업을 할 수 있는 권한을 허용한다는 것은 자칫 학교 교육을 파행으로 이끌 가능성도 있다는 것이다. 특성화 사업을 하기 위해 학교의 교육과정을 인위적으로 일부를 바꿀 필요가 생겼을 때, 학교의 특성보다는 지역의 특성이 우선시되는 결과를 가져올까 염려스럽다.

물론, 학교가 지역사회와 연계된 교육을 해야 한다는 것을 부정하는 것은 아니다. 그렇게 하기 위해 기초자치단체장에게 지역교육 특성화 사업을 할 수 있는 권한을 부여하여 교육자치를 일반 자치에 포함시켜서 교육의 자주성과 전문성이 왜곡될 가능성이 있다는 것이다. 권한을 부여한다는 것은 그것을 따라야 한다는 의미를 포함하는 것이다. 지역의 특성에 맞는 사업을 할 수 있는 권한은 자치단체장이 아닌, 학교장에게 부여되어야 한다. 교육을 가장 잘 알고 있는 학교장이 추진할 때 효과적인 교육이 될 수 있기 때문이다. 단위 학교에서 일정 부분을 지역사회 특성에 맞는 교육과정을 편성할 수 있는 권한을 부여해야 한다.

현재도 교육부, 시·도교육청, 지역교육청에서 필요 이상의 간섭을 받고 있는 곳이 일선 학교인데, 간섭하는 곳이 한군데 더 늘어나는 결과만을 가져올 수도 있는 것이다. 따라서 이러한 개선에 앞서 학교 단위에 많은 권한을 부여해야 한다고 본다. 서로가 가지고 있는 것을 과감히 놓고 꼭 필요한 것만 가질 때 교육자치는 성공될 수 있을 것이다. 교육감을 주민 직선으로 선출한다고 해서 교육자치제도가 정착되는 것은 아니다.

직선제 도입은 주민의 자발적 참여를 통해 그들의 교육수요가 지방 교육행정에 충분히 반영될 수 있도록 하기 위한 것이라는 취지에는 100% 공감을 한다. 그러나 그보다 더 시급한 것은 단위 학교의 자치이다. 단위 학교의 자치를 우선 시행하고 그에 대한 책임을 묻는 것이 선행되어야 할 것이다.

〈칼럼〉　　　　　　　　　　이창희 서울 강현중학교　등록 2005.01.04 11:52:00

교원 평가, 그것의 허와 실

올해부터 교원 평가가 시범 운영될 전망이다. 그동안 교원 평가에 대하여 무수히 많은 이야기가 나왔었으나 구체화 되기는 이번이 처음이다.

교원 평가의 기본취지는 교원의 전문성 신장을 위한다는 것이다. 교원은 전문성을 갖추면 갖출수록 좋은 것이 사실이다. 아무리 강조해도 부족함이 없는 것이다. 자라나는 세대들의 교육을 담당하고 있기 때문이다.

2004년 안병영 교육부총리가 처음으로 교원 평가제 도입을 언급했을 때는 교원 평가가 아니고 교사 평가제를 도입한다고 했었다. 그러던 것이 교장, 교감을 평가대상에서 제외하는 것이 부당하다는 문제를 제기하자 교장, 교감을 포함한 교원 평가로 확대되었다.

평가를 받고 그 결과를 통하여 전문성을 향상 시켜서 학생 교육을 효과적으로 해야 한다는 것은 매우 좋은 취지라고 본다. 교원의 전문성이 수업 전문성과 일맥상통한다고 볼 때 수업 전문성을 높이는 것 역시 바람직하다고 본다.

그러나 교원평가제도를 현시점에서 도입하지 않아야 하는 이유들이 있다. 물론 극히 일부분에 해당되는 내용이다. 더 많은 문제섬과 부당성을 제시힐 수도 있다. 그러나 여기서는 몇 가지의 부당성만 제시하도록 하겠다.

교원 평가뿐 아니라, 교육계의 이슈를 해결하려고 할 때마다 교육부에서 들고 나오는 것이 바로 '외국의 경우'이다. '외국의 경우는 이러하다. 그렇기 때문에 우리도 도입해야 한다'라는 식이다. 그것이 바로 문제를 확대 시키는 원인이다.

한국은 한국일 뿐이다. 외국에서 하니까 우리도 해야 한다는 식의 발상은 곤란하다는 것이다. 우리 농산물을 애용하라고 하면서 '身土不二'를 외치고 있다. 농산물만 신토불이인가? 그렇지 않다고 본다. 교육도 신토불이가 우선시 되어야 하는 것이다. 한국의 특성에 맞는 교육의 방향을 찾아 나가야 하는 것이다.

이런 관점에서 볼 때도 외국에서 교원 평가를 시행 하기 때문에 우리도 해야 한다는 발상은 옳지 않다고 보는 것이다. 그리고 또 하나 모든 외국에서 교원 평가를 실시하느냐 하는 것이다. 분명 실시하지 않는 나라도 있을 것이다.

교원 평가 중, 동료평가 부분에 대하여 언급하고자 한다. 동료 교사를 평가하기 위해서는 그 사람의 평소 모습부터 수업까지 일일이 살펴보아야 한다. 수업 능력에 주안점을 둔다고 하더라도 최소한 주 1~2회는 수업을 참관해야 한다.

그렇다면 현재 교사들의 수업시수에 평가하기 위해 참관하는 수업시수를 더하면 교사의 부담은 엄청나게 가중되는 것이다. 월 1~2회를 참관할 수도 있겠지만 월 1~2회 관찰한 것으로 어떻게 그 교사를 평가할 수 있겠는가? 그렇지 않아도 수업 부담에 업무처리 부담 등이 상존 하고 있는 우리나라 교원들의 현실 속에서 평가를 위해 시간을 투자할 교원들이 과연 몇 명이나 될지 의심스럽다.

또 하나 수업 평가를 받기 위해서는 교사들이 '수업 준비를 얼마나 잘했는지'에 대한 항목이 필요할 것이다. 그런데 그 수업 준비 라는 것이 '그냥 내 머릿속에 들어있다.'라고 말한다면 객관적이지 못할 것이다. 근거가 없기 때문이다. 따라서 근거를 만들기 위해 뭔가 자료를 만들고 그것을 내놓아야 만이 수업 준비에 대한 평가가 가능한 것이다.

결국은 그 자료를 만들기 위해 교사들은 상당한 시간적인 부담을 가질 수밖에 없는 것이다. 수업 준비뿐 아니다. 학생 평가자료 제시도 해야 하고, 시청각 자료도 제시해야 하고, 이런저런 자료를 만들다 보면 어느새 1년이 지나갈 것이다. 어느 틈에 공문 처리하고 학교 업무 처리할 것인가. 교원의 전문성 신장을 위한 평가제도 도입이 결국은 교원들에게 엄청난 부담감이라는 선물을 안겨줄 우려가 있다.

교원 평가 자체를 부정하고자 하는 것은 아니다. 수업에 대한 평가를 한다면 교사가 수업에만 전념할 수 있는 분위기를 만들어야 한다는 것이다. 교원의 법정 정원확보, 엄청난 업무(잡무 포함) 부담을 해소할 수 있는 방안 등이 나오지 않고 있는 이런 상황에서 교원 평가를 한다는 것은 분명 시기상조인 것이다. 삽을 주지 않고 우물을 파라고 하는 것과 같은 것이다.

교원 평가는 반드시 재고 되어야 할 것이다.

〈칼럼〉　　　　　　　　　　이창희 서울 강현중학교　등록 2005.01.17. 07:56:00

진정한 '교육장 공모제'로 가려면….

서울시교육청은 공정택 교육감이 인사행정의 투명성 등을 위해 취임 당시 공약으로 내걸었던 '교육장 공모제'를 실시한다고 한다. 시 교육청은 다음 달 말로 정년퇴임을 하는 남부교육청 교육장 후임자를 24일까지 공모, 선발할 계획이라고 한다.

교육장을 임명제에서 공모제로 하는 것은 큰 변화가 아닐 수 없다. 환영할 만한 정책이다. 물론 이는 서울시교육청에서 처음으로 실시하는 것은 아니고, 일부 시·도 교육청에서는 이미 지난 99년부터 전북도교육청을 시작으로 교육장 공모제를 실시해 오고 있다.

그런데 신청 자격은 관내 초등학교 교장 경력이 1년 이상이고 장학관이나 교육연구관을 1년 이상 지낸 자여야 하며 교육행정 능력이 우수해야 한다고 한다. 100% 공모제라고 할 수 없는 조건이다. 일단 교장이나 장학관, 교육연구관을 지내지 않은 사람은 교육행정 능력이 우수하고 우수하지 않고를 떠나, 신청조차 할 수 없는 것이다.

교육경력을 몇 년 이상 또는 교육 행정경력 몇 년 이상 중 어느 한쪽만 만족하면 되는 것으로 해야 한다. 반드시 교장을 해야 한다는 것은 시대착오적인 발상이다. 교장을 한 사람만이 교육행정 능력이 우수하다고 할 수 있는가.

또 장학관이나 교육연구관을 지낸 사람만이 교육행정 능력이 우수하다고 할 수 있는가. 교장을 하지 못하고 장학사나 교육연구사를 지낸 교감은 교육행정 능력이 떨어지는가. 일선 현장에서 교감으로 승진한 경우는 교육행정 능력이 떨어지는가. 현재 장학사로 일하는 전문직들은 교육행정 능력이 떨어지는가.

그렇지는 않을 것이다. 도리어 실무를 도맡아서 열심히 일하고 있는 장학사들의 능력이 더 뛰어날 수도 있는 것이다. 교장보다는 교감이 도리어 현장감이 있어서 교육행정 능력이 우수할 수도 있는 것이다.

향후에 공모 직위를 확대해 나가기 전에 반드시 해결되어야 할 선결 과제이다. 공모제에 신청할 수 있는 자격을 완화해야 한다. 능력이 있는 인사를 발탁하기 위한 제도라면 기존의 관념을 깨기 전에는 성공을 거두기 어려운 것이다.

교육감에 출마할 수 있는 자격에 교장, 장학관, 교육연구관을 지낸 사람이어야 한다는 조건이 있는가. 교육경력만을 자격요건으로 하고 있다. 그런데, 교육장에는 특별한 제한을 둔다는 것은 옳지 않다고 본다. 진정한 공모제는 많은 사람에게 기회를 제공하는 것이 아닌가 싶다. 인재는 찾을 때만이 나타나는 것이다. 숨은 인재를 찾아서 쓸 수 있는 지혜를 발휘하는 서울시교육청이 되었으면 한다.

〈칼럼〉   이창희 서울 강현중학교 등록 2005.01.19. 10:05:00

새 교육부총리가 갖추어야 할 조건

이기준 전 교육부총리가 3일 만에 물러난 이후로 차기 교육부총리 임명을 놓고 진통을 거듭하고 있는 모양이다. 그동안 교육부총리 인사의 책임을 지고 물러난 청와대 각료들도 있었고, 한편으로는 책임을 지고 물러날 수 있는 용기를 가진 각료들이 있다는 것은 우리나라의 정치 발전에 청신호라는 생각이 든다. 이런 와중에서도 다각도로 적임자를 찾기 위한 노력을 하고 있는 것으로 보인다.

이제는 더 늦어지는 것은 바람직하지 않다. 새로운 교육부총리가 임명되어야 할 시점이 아닌가 싶다. 지난번의 잘못된 교육부총리 임명을 거울삼아 신중한 검토와 검증이 필요하다 할 것이다. 현재 그러한 과정을 거치기 때문에 시간이 걸리고 있는 것으로 보인다.

최근의 언론 보도에 의하면 여성 교육부총리가 유력하다고 한다. 오랜만에 여성 교육부총리가 탄생할지 관심이 고조되어 있다. 장관을 꼭 남자가 해야 한다는 생각은 이미 시대착오적인 발상임에 틀림이 없다. 여성이건 남성이건 확실한 교육철학을 갖춘 사람이라면 교육부총리의 자격을 갖추었다고 할 수 있다.

특히, 현재의 우리나라 교육 현실에서는 확고한 철학을 갖추고 있으면서 교육개혁에 대한 확실한 추진력을 갖추고 있다면 금상첨화가 아닐까 싶다. 그동안의 교육부총리가 교육철학이 없어서 확실한 개혁을 하지 못하고 단명한 것은 아닐 것이다. 추진력 부족이 원인이었다고 볼 수 있다. 새 교육부총리는 확실한 철학과 비전 제시, 그리고 추진력이 필요한 시점이 아닌가 싶다.

이런 조건을 갖춘 사람을 발탁하기 위해서는 많은 시간이 필요할 것이다. 그런데, 이번에 여성 교육부총리를 검토하는 이유가 약간은 설득력이 떨어지는 느낌이다. 현재 여성 국무위원이 장하진 여성부 장관 1명 밖에 없기 때문에 여성 장관을 더 늘려야 한다는 생각을 가지고 있다는 것이 하나의 이유라고 한다.

물론, 대학 개혁의 적임자와 여성 배려라는 두 가지를 충족시킬 수 있는 인사를 교육부총리로 검토하고 있다고도 한다. 그렇다면 후자를 더 고려한다면 설득력이 있겠지만, 단순히 전자와 같이 여성 장관을 늘리기 위한 배려라면 결코 납득할 수 없는 것이다.

일단 여성을 장관으로 임명하겠다고 원칙을 세우고 인재를 물색한다면 남성은 아무리 뛰어난 능력을 갖추고 있다고 해도 일단 배제되므로 적절치 않다고 본다. 후자처럼 대학 개혁의 적임자와 여성 배려라는 두 가지 조건을 갖춘 인사를 찾는다면 그래도 어느 정도는 이해가 될 수 있는 것이다.

또 한 가지, 교육계가 아닌 교육계 외부 인사를 교육부총리로 임명할 수도 있다고 하는데, 그것은 있을 수 없는 일이다. 물론, 우리나라는 모든 국민이 교육전문가이다. 그만큼 교육열이 다른 나라에 비하여 높다는 것이다. 그러나 교육열만 가지고 교육이 되는 것은 아니다. 오랜 경험을 바탕으로 전문가만이 가지고 있는 노하우를 가지고 개혁을 추진해야 한다. 교육부총리는 반드시 교육계의 교육전문가 중에서 임명되어야 한다.

남성이든, 여성이든 확실한 교육철학과 강력한 추진력을 가진 인사가 교육부총리로 임명되기를 기대해 본다. 그러나, 교육계 외부 인사의 임명은 절대 있어서는 안 된다는 점을 다시 한번 밝힌다.

〈현장소식〉　　　　　　　　이창희 서울 강현중학교　등록 2005.01.25. 14:08:00

학교공동체 문화연구회 연수회 열려

학교 공동체의 갈등을 해소하고 새로운 학교문화 창조를 목적으로 설립된 서울 초·중등 학교 공동체 문화연구회(회장: 류○○, 개봉중 교장)의 2005년 특별 연수회가 대천 임해수련원에서 열렸다. 1박 2일(1월 22~23일)로 열린 이날 연수회에는 연구회 임원 및 회원, 각계인사 등 100여 명이 참석했다.

특히, 이날의 주요 주제는 금년부터 실시되는 월 1회 주 5일제 수업 관련 내용과 지방교육자치제도와 학교자치제도에 관한 내용으로 많은 도움을 얻었다는 것이 참석자들의 설명이다.

이날 강의에 나선 서울 창북중학교 민○○ 교사(48)는 "주 5일제 수업은 분명 교육계에 큰 변화임에 틀림이 없다. 그러나, 학교에서 미처 완벽한 준비가 되지 못한 상태에서 실시하는 면이 없지 않다. 특히, 휴업하는 토요일에 학생들을 꼭 학교로 불러내는 것이 최선의 방법인지 깊이 생각해 보아야 한다."면서 "토요 휴업일을 위한 다양한 지원책을 마련하는 것이 학교와 교사가 할 일"이라고 말했다.

민 교사는 특히 "전면 시행 전까지는 좀 더 많은 준비와 노력이 필요하다. 무조건적인 실시는 도리어 역효과를 가져올 가능성이 있다."라며 "올해 준비를 철저히 하여 문제없는 주 5일제 수업을 기대한다."라고 덧붙였다.

지방교육자치제도 개선에 대해 강의를 담당한 류○○ 교장(서울 개봉중)은 "지방교육자치제도의 기본은 학교자치이다. 따라서 각 학교에 많은 권한을 이양해 주고, 잘못된 점에 대해서는 철저한 책임을 묻는 것이 교육자치의 기본이라고 본다. 교육의 기초가 이루어지고 있는 일선 학교의 자치가 전체 교육자치의 성, 패를 결정하는 요인이 된다."라고 강조했다.

행사에 참석한 임동권 서울시 교육위원은 "이런 연구회의 활성화가 결국은 우리나라 수도 서울교육 발전의 초석이 되는 것이다. 앞으로도 교원 여러분들의 노력에 따라 학교문화는 새롭게 정립될 것"이라며 회원들을 격려했다.

이틀간의 연수에도 회원들은 피곤한 기색 없이 강의를 듣고 진지한 토론에 참여하는 모습이 우리나라 교육의 미래를 밝게 해주고 있다는 것을 보여 주었다. 특히, 참석 교원들 모두 자비로 숙식을 해결하면서 열심히 참여하는 모습이 돋보이는 연수였다. 회원 및 참석자들은 올 상반기 내에 또 다른 주제를 가지고 이런 연수회를 가졌으면 좋겠다고 입을 모았다.

〈칼럼〉　　　　　　　　　　이창희 서울 강현중학교　등록 2005.01.29. 09:16:00

새 교육부총리에게 필요한 것은 무엇인가

　얼마 전, LG 씨름단이 해체되면서 최홍만이라는 매우 장래가 촉망되는 유망주가 다른 팀으로 옮기지 않고 씨름과 이별을 고한 적이 있다. 그 뒤 이종격투기로 종목을 바꿔서 다시 운동을 계속하기로 하였다는 충격적인 소식을 접하게 되었다.

　이 소식을 접한 국민 모두는 당혹감을 감추지 못했을 것이다. 과연 씨름 선수 출신인 최 선수가 씨름 아닌 다른 종목에서 성공을 거둘 것인가에 대한 기대감보다는 회의적인 감정을 억누르지 못했기 때문일 것이다.

　이번에 새로 선임된 김진표 교육부총리의 인선을 최 선수와 비교한다면 지나친 비약일까. 경제계에서는 꽤나 전문적인 식견을 가지고 우리나라 경제 살리기에 많은 기여를 했다고 알고 있다. 그런데, 교육 문제를 경제 논리로의 해결을 기대하기 위해 새롭게 교육부의 수장으로 경제전문가가 입각한 것이다. 최홍만 선수의 경우와 매우 흡사하다는 생각이 든다. 물론, 최 선수나 경제전문가인 김진표 교육부총리가 성공을 거두지 못하리란 법은 없다. 다만, 가능성에서 이 두 경우는 확률이 희박하다는 것이다.

　이종격투기만 평생토록 해온 사람도 정상에 서기 어려운데, 여태껏 씨름만 해온 사람이 어찌 이종격투기에서 쉽게 정상에 설 수 있겠는가. 경제를 걱정하고 살리기 위해 노력한 경제 전문가가 어찌 교육 문제를 쉽게 해결할 수 있을 것인가. 씨름과 이종격투기의 근본이 다르듯이, 경제와 교육도 근본이 다를 것이다. 그렇게 서로 다른 것을 쉽게 해결하는 것 자체가 무리라는 생각이다.

　교육부총리는 투철한 교육철학이 있어야 한다. 그리고 결단력과 추진력을 겸비하고 있어야 한다. 그동안 여러 전문가들이 교육부의 수장으로 일했지만,

성공적으로 교육 문제를 해결하지 못했던 것이 바로 투철한 교육철학이 부족했기 때문일 것이다.

우리나라 국민은 모두가 교육전문가이다. 최소한 표면적으로는 말이다. 교육 이야기만 나오면 서로가 열을 올리면서 다 한마디씩 할 수 있는 사람들이 우리 국민들이다. 그런데도 교육 문제가 쉽게 해결이 안 되는 이유는 전문가는 많지만, 교육에 대한 철학 부족, 결단력과 추진력의 부족에 있다고 본다.

경제전문가가 교육을 하지 말라는 법은 없다. 어떻게든 경제 논리로 꿰맞추면 어설프지만, 제대로 돌아갈 수도 있다. 그러나, 경제 논리라는 말 자체만으로도 거부감을 가지고 있는 것이 우리 교원들의 현재 상태이다. 야구 감독으로 성공을 거둔 김응용 감독이 축구 감독이 된다면 그 팀이 야구처럼 우승할 수 있을까. 아마도 가능성은 높지 않을 것이다.

이러한 염려는 필자뿐 아니라 대부분의 교원과 교육전문가 나아가서는 국민들이 공감하고 있을 것이다. 따라서 새 교육부총리의 어깨는 그만큼 무거워질 것임이 틀림없다고 본다. 염려 속에 우리는 기대를 하고자 하는 것이다.

필자는 이 지면을 빌어, 이제 막 입각한 교육부총리에게 지극히 당연한 몇 가지의 소망을 전하고자 한다.

첫째, 교육부는 경제를 다루는 곳이 아니고 교육의 문제를 다루는 곳이다. 그동안의 경제 논리로 시장경제의 원리를 적용하지 말고 교육 논리로 모든 문제를 고민해 주었으면 한다.

둘째, 투철한 교육철학을 갖추고 결단력과 추진력을 갖추기를 기대한다.

셋째, 어느 하나의 문제만이라도 확실하게 해결하도록 했으면 한다. 많은 문제를 한꺼번에 해결하려 한다면 언제 또 부작용이 나타날지 알 수 없는 일이기 때문이다.

넷째, 현장 교원은 물론, 학부모 학생들의 의견을 꼭 참조해 주었으면 한다. 교육부 내에서만 의견 수렴을 할 것이 아니고 교육부의 밖에서 일어나는 일들에 관심을 가져 주었으면 한다.

교육 문제는 하루아침에 해결이 될 수 없다. 그것이 가능했었다면 이렇게 교육 문제가 산적해 오지 않았을 것이다. 이미 다 해결되었을 것이다. 긴 안목을 가지고 노력하는 교육부총리와 교육인적자원부가 되었으면 한다.

〈칼럼〉 월간 새교육 특집   이창희 서울 강현중학교 교사 새교육 등록 2005.02.01 09:00:00

자비연수비 연말 소득공제 해 줘야

현대는 전문성의 시대이다. 시대에 맞게 여러 분야의 구성원들이 전문성을 갖추기 위해 끊임없이 노력하고 있다. 각 분야의 구성원들이 전문성을 갖출 때 국가경쟁력 상승은 물론, 개인의 경쟁력 상승도 기대할 수 있기 때문이다. 전문성을 갖춘 나라는 국가경쟁력에서 우위를 점할 수 있고, 전문성을 갖춘 개인은 해당 분야에서 최고의 경지에 오를 수 있는 것이다. 이러한 것들이 전문성이 강조되는 큰 이유이다.

우리 사회는 다양한 분야에 걸쳐, 연일 전문성을 갖추기 위한 노력이 계속되고 있다. 교육 분야 역시 교육경쟁력 향상과 개인의 능력을 한 단계 끌어올리기 위해 전문성 신장이 반드시 필요하다. 특히, 교원의 전문성이야말로 가장 중요시되어야 할 부분이다. 교원의 전문성이 신장 될 때 교육의 경쟁력이 살아날 것이고, 무너지는 공교육을 바로 세울 수 있기 때문이다.

이렇게 중요시되는 교원의 전문성 신장에 부응하기 위해, 일선 학교 교원들은 다각도로 노력하고 있다. 대학원 진학, 수업 방법 연구, 학생 지도 방법 연구, 각종 연수 참여 등이 바로 그것이다. 그중에서 연수는 교원의 전문성 신장을 위한 가장 기초적이고 보편적인 방법이다. 물론 학교 교육에 도움 되는 실질적인 연수를 받게 된다. 특히, 방학 중에는 누구라고 할 것도 없이 교원의 대부분이 각종 연수를 받기 위해 시간과 노력을 투자한다. 시간과 노력의 투자뿐 아니다. 연수에 필요한 제반 비용을 자비로 충당하면서 연수에 참여하고 있다.

IMF 한파가 몰아치기 이전에는 특별한 경우를 제외하고, 교원이 연수비를 자비로 부담하는 경우는 거의 없었다. 그러나 IMF를 기점으로 각종 교원 연수 기관의 난립과 함께 대부분의 교원 연수가 자비 연수 체제로 변했다. 그동안 어려운 여건에서도 교원들은 결코 연수에 소홀하지 않았다. 어려운 여건에서도 열심히 연수를 받으면서 전문성 신장을 꾀한 결과인지, 최근에는 일부의 연수 과정에서 연수비의 일정 부분을 시·도교육청에서 보상해 주는 체제로 변해 가고 있다.

그러나 모든 연수에서 모든 교원들이 연수비를 보상받을 수 있는 것은 아니다. 보상받을 수 있는 연수는 한정되어 있고, 전액 보상을 받는 것은 더더욱 아니다. 즉, 시·도교육청별로 약간의 차이는 있을 수 있지만, 정식으로 지정된 연수기관에서 연수를 받을 경우에 한하여 대략 70% 전후의 연수비를 지원받고 있다.

문제는 전문성 신장을 위해서 받는 연수는 인가된 연수기관에서의 연수만으로는 부족하다는 데에 있다. 현재 지정된 연수기관의 연수 과정만으로는 교원들의 다양한 욕구를 충족하기 어렵다. 따라서 교원들은 전문성 신장을 위해 때로는 학원 수강을 하는 경우도 있다. 또한, 인가되지 않은 연수기관(각종 연구회 등)에서 어쩔 수 없이 연수를 받는 경우도 있다. 이런 경우의 연수비는 고스란히 연수자 개인 부담이 될 수밖에 없다. 연수의 실효성에서는 도리어 인가 받은 연수기관에서의 연수보다 더 효율적인 프로그램을 통한 연수를 받는 경우도 종종 있다.

그럼에도 연수비를 전액 본인이 부담한다는 것은 부당하다는 생각이다. 따라서 인가받지 않은 기관에서의 연수 비용도 지원해 줘야 옳다고 본다. 교원의 전문성 신장을 연수의 최대 목적으로 본다면, 연수기관으로 등록된 기관에서 받는 연수만이 전문성 신장에 기여한다고 볼 수 없기 때문이다. 따라서 교원의 전문성 신장 노력에 부응하는 제도적인 뒷받침이 필요한 시점이 아닌가 싶다. 물론, 연수비 전액을 연수 대상 교원 모두에게 지원해 준다면 가장 좋은 방안이 되겠지만, 그것이 어렵다면 최소한의 보상을 위한 방안을 제안하고자 한다.

교원의 연수비에 소득공제 혜택을 주자는 것이다. 현재 교원의 대학 및 대학원 학비 전액을 연말에 소득공제 해주고 있다. 대학원 진학이 전문성을 신장할 수 있는 방법임에 틀림없다. 그렇다면 각종 연수도 분명한 전문성 신장의 방법이므로 연말정산에서 소득공제 혜택을 주는 것이 옳다고 본다. 대학원의 등록금은 전액 소득공제 대상에 포함시켜 주면서 자비로 부담하는 각종 연수비는 소득공제 대상에서 제외하는 것은 분명 형평성에 어긋나는 것이다. 현실적으로 대학원 진학 형편이 못 되는 교원들은 어쩔 수 없이 연수라는 방법으로 전문성 신장을 도모할 수밖에 없는 것이다.

연말정산에서 소득공제 혜택을 줘야 하는 이유는 또 있다. 자비 연수의 경우는 출장비가 지급되지 않는다. 수업은 수업대로 다 하고 연수를 받기 위한 출장임에도 불구하고 출장비가 지급되지 않는 것이다. 자비 연수가 아닐 경우는 출장비를 지급 받는다. 자비 연수에 출장비가 지급되지 않고, 무료로 받는 연수는 출장비가 지급된다는 것은 커다란 모순이 아닐 수 없다. 자비 연수를 받는 교원들은 이중으로 금전적 부담을 안게 되는 것이다. 이것 역시 형평성에 어긋나는 것이다. 최소한의 혜택을 주기 위한 방안으로 자비 연수비에 대한 소득공제를 받을 수 있도록 관련 법규를 개정해야 옳다고 본다. 물론, 연수를 받음으로써 교원의 전문성 신장이라는 소득을 얻는 것이 분명하고, 이런 전문성 신장을 금전적인 척도로 측정할 수는 없지만, 최소한 형평성은 유지되어야 한다는 것이다.

교육의 질은 교사의 질을 넘을 수 없다. 작은 것부터 교원들을 위해 배려하는 것이, 교원의 전문성 신장을 돕기 위한 첫걸음이 아닌가 싶다.

〈칼럼〉　　　　　　　　　　이창희 서울 강현중학교 등록 2005.02.03 16:07:00

학력신장 방안, 신중한 접근이 필요하다.

최근 서울시교육청에서 '학력신장방안'을 발표하기까지는 학생들의 학력이 학년을 올라갈수록 저하된다는 문제의식에서 출발한 것으로 보인다. 그동안 학력 저하에 대한 지적이 여러 번 있었고, 이에 대한 대책도 여러 번 세워졌으나, 이번처럼 구체적인 방안이 나온 것은 주목할 만하다 하겠다. 이번 방안이 충실히 실행된다면 학생들의 학력 신장은 물론, 교사들의 전문성이 더욱 신장될 것으로 기대된다.

그러나 이번 방안이 일선 학교에서 시행되기까지는 상당한 진통이 예상된다. 방안 마련을 위해 고심한 흔적이 역력히 보이고는 있으나, 해결 내지는 선행되어야 할 문제들이 요소요소에 있다고 본다.

첫째, 교육감이 당선된 바로 그날 저녁에 기자회견장에서 발표했던, 초등학교 시험 부활 관련 내용을 그대로 반영했다는 것은 깊은 검토와 연구 없이 발표 내용을 지키기 위해 급조되지 않았는지에 대한 의구심이 있다. 또한, 모 일간지에서 지적한 것처럼 학교 시험의 실시 횟수나, 시기, 방법 등을 학교에 자율적으로 맡겨 자율성을 강조한 것은 문제가 발생할 경우 시 교육청은 뒤로 빠지고 책임을 학교에 떠넘기기 위한 것이 아닌가 싶다. 또한, 일선 학교 교사들의 반발을 무마시키기 위해 자율성을 강조했다는 느낌이다.

둘째, 초등학교 학력 신장 방안에 시험 부활이 꼭 들어갔어야 했느냐의 문제이다. 좀 더 연구를 했다면 시험이 아닌 다른 방안도 충분히 가능했을 것이다. 즉, 시험의 부활보다는 수준별 이동수업 쪽에 좀 더 비중을 두었더라면 사교육에 대한 경쟁력 확보 차원에도 더 효과적인 방안이 되었을 것이다.

셋째, 중·고등학교의 서술형 주관식 50% 확대와 관련된 문제이다. 그냥 주관식도 아닌 서술형 주관식은 대부분 교사가 출제를 하고 싶어 하는 부분이다. 그러나, 채점 문제와 향후의 문제 발생을 최소화하기 위해 실천에 옮기지 못하고 있는 것이다. 즉, 현재의 주관식 문제와 관련해서도 성적감사가 나오면, 유사정답을 어떻게 인정했는지, 채점 기준은 무엇인지, 교과서에 없는 내용인데 왜 정답으로 인정했는지에 대한 근거 아닌 근거를 제시해야 한다. 물론, 감사에 대비하여 철저히 준비를 해 두지만, 감사팀의 지적에는 속수무책인 경우가 생기기도 한다. 이는 학생 평가권이 완전히 교사들에게 주어지지 않았기 때문이다.

이렇게 학생 평가권이 완전히 교사에게 주어지지 않은 상황에서 서술형 주관식 50% 이상 확대는 교사들에게는 상당한 부담감으로 적용될 것이다. 교사들에게 학생 평가 권한을 확실히 넘겨주었을 때만이, 가능한 방안이라고 본다. 또한, 현재의 교사들은 수행평가에도 상당한 시간과 노력을 하고 있는데, 여기에 서술형 주관식 확대는 더욱더 큰 부담으로 작용할 것이다.

넷째, 학습 부진 학생의 경우 초등학교에서는 담임교사가, 중고교에서는 교과담임교사가 책임을 지고 학력을 올리도록 하는 것 자체는 옳은 방안이라고 본다. 다만, 어떤 방법으로 어떤 시간을 이용해서 어떻게 해야 하는지와, 그렇게 했을 때, 교사들에 대한 보상책의 마련 등을 좀 더 연구해야 할 것이다.

다섯째, 수업 전문성 향상을 위한 교원 연수 관련 내용도 옳은 방안이라는 생각이다. 교사들이 원할 때 전문성 향상을 위한 연수를 개설한다는 방안도 매우 좋은 방안이라는 생각이 든다. 다만, 현재 교사가 전문성이 부족해서 학생들을 잘 지도하지 못하는 경우는 거의 없다고 본다. 사교육에서 선행학습을 이미 마친 학생들이 수업에 제대로 참여하지 않기 때문에 교사가 전문성을 제대로 발휘하지 못하는 것이 더 큰 문제일 것이다.

아무리 좋은 수업자료를 준비해서 교사가 수업 전문성을 발휘하려고 해도 이에 학생들이 제대로 따라주지 않는 것이 더 큰 문제일 것이다. 사정이 이런데도 교사들의 전문성 부족으로 학생들의 학력이 떨어진다는 발상에는 씁쓸함을 버릴 수 없다.

이번의 '학력신장방안'이 향후 시행까지는 좀 더 보완되겠지만, 중요한 것을 간과하고 무조건적인 시행에 들어가는 일은 일어나지 말아야 할 것이다. 좀 더 구체적인 연구와 검토가 이루어졌으면 한다.

〈칼럼〉　　　　　　　　　　　이창희 서울 강현중학교　등록 2005.02.13 08:56:00

'교원인사' 좀 더 섬세해야

　요즈음 일선 학교는 졸업식과 신입생 등록, 한 학년의 마무리 등으로 상당히 바쁜 시간을 보내고 있다. 또한 교원의 정기 인사이동이 이루어지는 시기이기도 하다. 어찌 보면 학교가 좀 어수선한 분위기에 있는 시기이다. 매번 지적되는 내용이지만, 교원의 정기인사 시기를 좀 더 앞당겨야 한다는 여론이 한껏 높아지는 시기이기도 하다.

　교원의 정기인사는 매우 중요한 의미를 가진다. 보통 4~5년을 주기로 다른 학교로 전보 발령을 받게 된다. 그런데 이때가 되면 각 학교에서는 서로가 우수한 교사를 확보하기 위해 여러모로 노력한다. 여기서 우수한 교사란, 해당 학교에서 꼭 필요로 하는 교사를 의미한다. 대개는 수업보다는 업무능력을 더 높게 평가하게 된다. 따라서 각 학교에서는 당해 학년도의 업무추진계획이나 선도학교 운영 등에 필요한 교사를 확보하기 위해 노력을 하게 된다.

　대체로 1~2명의 교사는 학교장이 우선 내신 요청을 할 수 있는 길이 있다. 그러나 그것만 가지고는 필요한 교사를 확보하기에 턱없이 부족하다. 사정이 이렇다 보니, 학교장들은 서로 우수한 교사를 확보하기 위해 다각도로 노력을 기울이게 된다. 이들 사정은 대개의 학교들이 비슷하게 안고 있다.

　이런 노력이 뒤따랐음에도 불구하고, 각 학교에서의 교사 분포는 균형을 잃은지 오래이다. 즉 연령별 분포가 비정상이거나, 남·녀의 비율이 비정상적으로 배치되고 있는 것이다. 이는 인사담당자의 세심한 배려가 제대로 되지 않고 있다는 반증이다. 어느 학교에는 50대 이상이 많이 몰려있고, 어느 학교는 남교사가 거의 없는 경우도 있다.

　가령 어느 시·도에서 여교사:남교사의 비율이 70:30이라면, 어떤 학교는

80:20이되고 어떤 학교는 60:40이 된다는 이야기이다. 물론 본인의 희망에 따라 배치하는 것이 첫 번째 원칙이겠지만, 그래도 연령이나 성별의 분포는 너무 많은 차이가 나면 곤란하다는 뜻이다. 실제로 이동하는 교사들은 자신의 희망에 따라 이동하지 못하는 경우도 상당히 많다. 그렇다면 각 학교별로 이들의 분포를 어느 정도 고려해서 배치할 충분한 여지가 있는 것이다. 어차피 희망대로 배치하기 어렵다면 연령별, 성별 분포를 학교별로 비슷하게 배치해 주는 것은 당연하다는 생각이다.

교원의 비율이 적당히 분포되어야 하는 이유는 간단하다. 학교장의 학교 경영에 있어서 효율성을 증대시킬 수 있기 때문이다. 또한 학생들의 입장에서 볼 때도 바람직하다. 가령 보직교사 임용이나 수업시수 조정 등에서 연령별, 성별 분포가 어느 정도 균형을 이루고 있다면 훨씬 더 효율적인 학교 운영이 가능할 것이다. 또한 담임 배정 등에서도 효율적인 배정을 할 수 있을 것이다.

현재의 교원 정기인사를 보면 학교별로 숫자만 채워주는 식의 인사가 이루어지고 있다는 생각을 버리기 어렵다. 물론 인사담당자의 어려움은 훨씬 더 크겠지만, 조금만 배려하고 검토를 한다면 각 학교의 균형적인 발전을 도모할 수 있을 것이다.

작은 것에서부터 배려할 수 있는 풍토가 아쉽다.

〈현장소식〉   이창희 서울 강현중학교 등록 2005.02.16. 09:28:00

졸업식 시기 앞당기는 학교들

2~3년 전만 하더라도 초·중·고등학교의 겨울방학은 12월 20일경, 개학은 2월 초, 졸업식은 2월 12~15일 사이, 대략 이런 식의 학사일정이 주를 이루었었다.

그러나, 최근의 경우는 겨울방학은 12월 29~31일경, 개학은 2월 10일 전·후, 졸업식은 2월 12일 전·후가 주를 이루고 있다. 이러한 추세도 올해에는 일부 학교에서 또 다른 변화를 꾀하고 있다. 즉, 개학일을 2월 초로 하고 졸업식을 2월 3~4일경으로 하고 있는 것이다. 기존의 졸업식 일정에서 열흘 정도 앞당겨진 일정이다.

이같은 경우, 해당 학교의 교원들은 단점보다는 장점이 더 많은 것으로 평가하고 있다. 즉, 2월 10일 이후에는 교원의 인사이동과 신학기 준비로 각 학교들이 매우 바쁘고 어수선한 시기이기 때문에 이런 시기에 졸업식까지 거행하는 것은 학교로서는 상당한 부담으로 작용할 수 밖에 없다는 것이다. 이러한 부담을 최소화하기 위해 졸업식을 앞당기는 것은 학교로서는 매우 적절한 선택이라는 지적이 비교적 많았다.

서울 S고등학교 이 모 교사는 "올해 처음으로 졸업식을 2월 초에 실시하였는데, 그 이후에 교사들이 출근하여 자유롭게 수업 부담 없이 새 학기를 준비하고 있다. 2월 중순에 실시할 때는 학생들 지도와 새 학기 준비, 졸업식 준비 등으로 어수선했었는데, 올해는 그런 부담이 없어서 좋다"라고 긍정적인 평가를 내렸다.

반면 서울 D중학교 k모 교사는 "학교로 볼때는 2월초에 졸업식을 하는 것이 도움이 되는 측면이 많지만, 3학년 학생들이 일찍 졸업하고 학교를 떠나게 됨으로써, 탈선의 위험이 있는 것도 사실이다."라고 다소 부정적 평가를 내렸다.

이 학교 또 다른 k모 교사는 "탈선의 위험이 없는 것은 아니지만, 고입배정이 2월 10일 이후에 발표되기 때문에 졸업식을 일찍 실시한다고 해도 큰 문제는 없다. 최소한 그때까지는 학생들이 학교에 소속되어 있다고 생각하는 것 같다." 라고 하면서, 졸업식을 2월 초에 실시하는 것에 대하여 찬성의 의견을 제시하였다. 그는 또 "어떤 제도든지 시행을 하고 보면 문제점이 나타나지만, 장점이 더 많을 때는 그대로 실시하는 것이 보통이다. 따라서 졸업식을 앞당기는 것은 여러 가지로 장점이 많기 때문에 적극 권장되어야 한다."라는 평가도 내렸다.

이 문제는 학생 지도의 문제가 실제로 졸업식을 앞당기는 것과 깊은 연관이 있느냐 하는 것에서 평가가 되어야 할 것이다. 실제로 70년대에는 중·고등학교의 졸업식이 1월 중순 경에 실시되었었다. 그러던 것이 80년대에 들어서면서 지금처럼 2월 중순으로 바뀌면서 현재에 이르고 있는 것이다. 70년대의 학생들이 졸업식을 일찍 실시했기 때문에 탈선을 많이 했었는가 하는 것이다. 정확한 자료는 알 수 없지만, 그로 인해 탈선하는 학생들이 많았다고 보기는 어렵다는 생각이다.

졸업식을 앞당김으로써 학교의 업무 처리와 신학기 준비에 도움이 된다면 적극 검토해야 할 문제가 아닌가 싶다. 이는 교육청 차원에서 권장하고 안 하고의 문제가 아니고 순전히 학교의 재량에 맡겨져야 할 것이다. 학사일정, 재량휴업, 방학과 개학 시기 등이 학교장의 재량으로 넘어가 있는 상태이다. 따라서 학교장이 재량권을 발휘하고 해당 학교 교원들의 의견이 일치된다면 졸업식을 앞당겨서 실시해도 크게 문제가 될 것은 없을 것이다.

효율적인 방안이 있다면 적극적으로 검토하여 수용하는 것도 교육 발전의 초석이 될 수 있는 방법이 아닐까 싶다.

〈칼럼〉　　　　　　　　　이창희 서울 강현중학교　등록 2005.02.19 20:38:00

학교 '성적부정' 예방책 없나

최근 잇단 학교 시험 답안 대리 작성의 문제가 교육계뿐 아니라 사회적으로도 큰 충격을 주고 있다. 이러한 일들이 발생한 것에 대하여 교사의 한 사람으로 매우 유감스럽게 생각하고 있다. 향후 이런 일이 재발되는 일은 절대로 없어야 할 것이다. 교사들 모두가 반성과 함께 새로운 사명감으로 무장하는 계기로 삼아야 할 것이다.

이번 일이 발생한 원인과 경위는 좀 더 지켜보면 자세한 결과를 알 수 있을 것이다. 서울시교육청에서도 재발되는 일이 없도록 철저한 조사와 함께 후속 조치를 취하고 있는 것은 매우 반갑고 환영할 만한 일이다.

그중에서, 재발 방지 조치로, 금년부터 학교의 정기고사에서 "담임은 해당 학급의 감독을 할 수 없도록 한다."고 발표하여 각 언론에 보도가 되었다. 일반 국민이나 학부모들이 볼 때, "진작에 그렇게 했어야 한다."라는 인식할 것으로 보인다.

그러나, 담임교사를 해당 학급의 시험감독에 배정할 수 없도록 조치하는 것은 새로운 조치가 아니라고 본다. 오래전부터 일선 학교에서는 담임교사를 해당 학급의 시험감독 배정에서 철저히 배제해 오고 있다. 실제로 필자가 근무했던 학교에서는 15년 전에 이미 담임교사를 해당 학급의 시험감독 배정에서 배제했었다. 그 후에도 담임교사가 해당 학급의 담임으로 배정하는 것을 본 기억이 거의 없다.

시험감독 배정에서 해당 학급에 담임교사를 배정하지 않도록 한 것은 새로운 것도 아니고 그렇다고 완벽한 방법도 아니다. 다만, 교사들에게 학생들의 성적을 어떤 방법으로든지 실제와 다르게 조작하는 행위는 절대로 용납할 수 없는 행위라는 것에 대하여 경감심을 주기 위한 조치로 보겠다.

한편, 시험감독을 교사가 바꾸고자 할 경우는 반드시 학교장의 결재를 얻어야 한다는 발상 역시 매우 바람직한 발상임에는 틀림이 없다. 그런데, 학교에서 고사 기간 중 시험감독이 바뀌는 경우는 거의가 해당 교사의 갑작스러운 사정으로 인하여 발생하는 경우가 대부분이다. 미리 작성된 학급을 바꾸는 경우는 부득이하게 급히 이루어지는 경우가 많다.

가령, A라는 교사가 학교에 출근하는 도중에 갑작스러운 접촉 사고가 일어났다고 할 경우, 그 교사는 학교에 연락을 취할 것이고, 담당 교사는 급히 감독을 교체하게 된다. 이런 경우, 학교장의 결재를 얻는다는 것은 거의 불가능에 가깝다. 즉, 해당 교사가 학교 내에 없고, 시험은 바로 시작될 시점이라면 "반드시" 결재를 받지 못하고 감독에 임할 것이다.

이 방안이 얼핏 보기에는 매우 현실적인 방안으로 보일 수 있으나, 실제로는 실현이 불가능할 경우가 더 많이 나타날 것이다. 일단 감독을 하고 난 후, 그에 대한 사후 결재를 얻는다면 가능할 것이다.

학교 성적의 부정을 100% 없애는 것은 매우 중요한 일이라고 본다. 학교에 대한 학부모와 국민들의 신뢰를 회복해야 하기 때문이다. 그런데, 이 문제를 한두 가지 규정을 강화한다고 해서 해결될 것으로 보아서는 안 된다. 가장 중요한 것은 교사의 양심 문제라고 보겠다. 교사가 양심을 걸고 노력해야 효과적인 것이다.

이런 시점에서 이미 일선 학교에서 많이 지키고 있는 담임교사의 해당 학급 담임 배제보다는 교사들의 의식 개혁에 더 신경을 써야 할 것이다. 실행하기 쉽지 않은 방법을 제시하는 것도 바람직하지 않다, 차라리 이와 관련된 일선 학교 교사들의 연수가 더 급선무라 하겠다. 시간이 촉박한 것이 사실이지만, 2월 중으로 학교별로 1~2회의 연수를 실시하여 교사들의 정신 무장을 새롭게 하는 것이 오히려 효과적인 방안이 아닌가 싶다.

인위적인 문제해결보다는 자연스럽게 스스로 깨닫고 스스로 지키기 위한 방안이 더 절실한 시점이라고 보겠다. 확고한 의식을 가진다면 이와 같은 일은 절대로 재발되지 않을 것으로 확신하기 때문이다.

〈현장소식〉　　　　　　　이창희 서울 강현중학교 등록 2005.02.25. 15:09:00

학교운영위원회 이렇게 운영합니다.

각급 학교에 학교운영위원회가 설치되어 운영되어 온 지 수년이 지났다. 각종 현안 및 교육활동과 관련된 사항들이 학교운영위원회의 심의를 거치도록 되어 있다. 학부모와 지역 인사가 학교 교육에 참여할 수 있는 유일한 길이 학교운영위원회라고 할 수 있다. 그동안 학교 운영위원회의 활동으로 인해 학교교육에 적잖은 변화를 가져온 것은 긍정적으로 평가할 부분이다.

그러나, 많은 학교들은 아직도 학교운영위원회의 기능을 제대로 활용하지 못하고 있다. 그보다는 충분한 활용을 하려는 노력이 부족한 면도 있다. 또한, 학교운영위원회의 위원들이 교육위원 및 교육감의 선출권을 가지다 보니, 선거가 있는 해에는 운영위원 선출을 앞두고 교사나 학부모 사이에 미묘한 기류가 흐르기도 하였다. 이러한 것들은 교육공동체가 앞으로 깊이 반성하고 개선해 나가야 할 현안들이다.

이렇게 학교운영위원회가 긍정과 부정으로 엇갈리는 기능을 해왔으나, 최근에는 이의 개선을 위해 각급 학교에서 학교장과 교사들을 중심으로 다양하게 노력하고 있다. 특히, 서울 강현중학교(교장 이○○)는 주변에서 모범적인 운영위원회 운영을 하는 학교로 정평이 나 있다. 이 학교의 이연우 교장은 2004년 9월 1일 자로 부임해 왔다. 이 교장이 부임하기 이전에는 학기당 대체로 2회 남짓 운영위원회를 열어 왔다. 그러나, 이 교장의 부임과 함께 학교운영위원회가 활성화되기 시작하였다.

학생 수련회, 급식, 특기 · 적성교육, 추경예산, 학생 봉사활동, 간부학생 수련회, 체험학습 등 많은 현안들을 운영위원회에서 다루기 시작하였다. 한 달에 한 번 정도의 운영위원회가 개최되고 있는 것이다. 물론, 여기에는 학부모 위원과 지역위원들의 적극적인 호응이 있었기에 가능했다는 평이다.

이 교장은 "학교 운영의 전반에 걸쳐 운영위원회의 심의를 거치는 것은 운영위원회의 설치 목적에도 잘 부합되는 것이다. 또한 이로 인하여 학교 교육의 불신을 종식시키고, 학부모와 지역주민이 함께 운영해 가는 학교가 될 것으로 기대한다. 따라서 학교운영위원회의 활성화는 공교육 정상화와도 매우 밀접한 관계가 있다고 본다."라고 하면서 "학부모와 지역주민의 적극적인 협조가 있어야 가능하다."라고 긍정적 평가를 하였다.

교사들 역시 교육활동과 관련된 각종 현안을 운영위원회에서 심의함으로써 신뢰성과 타당성이 증가하였고 무엇보다 학교 운영의 다양화가 가능해 졌다는 평가를 내렸다.

이 학교는 올해에도 벌써 2월 14일에 운영위원회를 개최하여 2004학년도 예산심의를 끝냈기 때문에 학기 시작과 함께 바로 각 부서 및 교과에서 교육활동을 위한 예산 집행이 가능하게 되었다. 예전에는 3월 중순경이나 되어야 예산심의가 끝나는 것이 상례였지만, 이번에는 이 교장의 노력으로 훨씬 더 예산심의가 빨리 진행된 것이다.

학교에 주어진 각종 권한은 어떻게 운영하느냐에 따라 귀찮은 존재가 될 수도 있고 매우 반가운 존재가 될 수도 있는 것이다. 운영위원회의 기능을 충분히 활용한다면 학교 교육은 한 단계 더 발전할 수 있을 것으로 기대된다.

〈칼럼〉   이창희 서울 강현중학교 등록 2005.02.28 10:49:00

기준에 턱없이 부족한 학교 교구

일반적으로 각급 학교에서 보유해야 할 교구 및 설비는 일정한 기준이 정해져 있다. 이 중에서 교구는 학생들의 학교생활과 직접 관련이 되는 것들이다. 특히, 과학, 기술·가정, 체육 등의 과목에서는 반드시 필요한 것들이 많이 있다.

교구 기준 중에는 필수와 권장으로 나누어져 있는데, 필수인 경우는 학교에서 반드시 갖추고 있어야 할 교구들로 볼 수 있다. 권장 교구는 말 그대로 학교에서 형편에 따라 갖추되, 가급적 확보 해야 할 것들이다.

문제는 필수 교구에 있다. 예를 들면, 중학교 과학의 경우 전기스탠드는 전 학년이 사용 대상이고 기준은 학생 4명당 1개, 알코올램프는 역시 전 학년이 사용 대상이고 학생 4명당 1개가 필요하다. 이들 교구는 필수이다. 그런데, 실제로는 그 기준에 맞게 확보한 학교가 많지 않다. 알코올램프를 예로 들면, 재학생이 1,000명인 학교의 경우 확보해야 할 알코올램프의 수는 250개이다. 또한 전기스탠드 역시 알코올램프와 같은 수가 필요한 것이다.

실제로 전교생이 1,000명인 일선 학교에서는 전기스탠드는 20개 내·외, 알코올램프는 40~50여 개 갖추고 있는 것이 보통이다. 교구 기준에 턱없이 부족한 숫자라 할 것이다.

기술·가정의 경우를 보면, 전기 재봉틀은 2학년 학생이 사용 대상이고, 필수항목이다. 확보해야 할 숫자는 학생 3명당 1개이다. 만일 2학년이 300명인 학교가 있다고 하면, 확보해야 할 재봉틀의 수는 100개라는 계산이 나오게 된다. 중학교 어느 곳을 가도 300명의 학생에 100개의 재봉틀을 확보하고 있는 학교는 아마도 거의 없다고 보아야 할 것이다. 그밖에 다리미는 4명당 1개(1개 학년 사용), 쪽가위는 2명당 1개, 줄자 2명당 1개등을 갖추고 있어야 필수항목을 만족하는 숫자이다.

체육의 경우도 마찬가지이다. 축구공이 1개 학년이 사용 대상이고, 학생 2명당 1개, 농구공과 배구공도 마찬가지로 학생 2명당 1개이다. 베드민턴라켓 역시 1개 학년이 사용 대상이고 학생 4명당 1개를 확보해야 필수항목을 만족하게 된다. 체육 역시 필수로 확보해야 할 숫자에서 턱없이 모자라는 경우가 대부분이다.

미술·음악의 경우는 그래도 사정이 괜찮은 편이다. 대체로 피아노, 북, 장구 같은 것은 거의 기준에 맞게 확보되어 있다. 그것은 기준이 1개교당 1개 또는 24학급당 1개라는 식으로 정해져 있기 때문이다. 따라서 1개 학교에 피아노가 2대 있으면 거의 필수확보숫자를 만족하게 되는 것이다.

그렇다면, 왜 이렇게 교구 확보율이 저조한 것일까.

첫째는, 지나치게 이상적으로 짜여져 있는 교구 확보율 때문이라는 것이 일선 교사들의 지적이다. 예를 들어 축구공의 경우 1개 학급에 1개 정도면 대체로 교육활동에 큰 어려움이 없다는 것이다. 그런데, 학생 2명당 1개를 확보할 경우 300명이 한학년인 학교는 150개의 축구공이 필요하게 된다. 150개의 축구공을 보관하는 것 자체도 만만치 않은 일일 것이다.

둘째는 확보를 위한 예산지원이 되지 않고 있다는 지적이다. 확보의 기준을 정했으면 최소한 그 기준에 맞게 확보할 수 있는 예산지원이 필요하다는 것이다. 확보를 하고 싶어도 확보를 할 수 없는 경우가 대부분이기 때문이다.

결과적으로 교구 확보는 학생들 교육에 실제로 필요한 수량을 정확히 파악하여 그에 맞는 기준을 다시 정한 후 적극적인 예산지원이 있어야 할 것이다.

〈현장소식〉   이창희 서울 강현중학교 등록 2005.03.05. 07:21:00

"T-Money 카드 문제 있다"

작년 7월 1일부터 서울시의 대중교통 시스템이 바뀌면서 교통카드가 새로 도입되었다. 바로 T-Money 카드라는 것인데, 기존의 교통카드와는 좀 다른 개념의 카드이다. 즉 종전에 없던 어린이 카드와 청소년 카드가 새로 생겼다. 기존에는 청소년 카드라는 개념보다는 중·고등학생용 카드 개념으로 사용되었다.

그런데 새로 도입된 어린이 카드와 청소년 카드에 문제가 있다. T-Money 카드를 종합관리하는 한국스마트카드(주)에서는 어린이를 만 13세 미만, 청소년은 만 13세에서 18세까지로 정하고 있다. 물론 나이의 기준은 생년월일을 기준으로 하고 있다.

여기서 중학교 1학년 학생들의 경우는 만 12세에서 13세로 넘어가는 시기이고, 대학교 1학년 학생들의 경우는 만 18세에서 19세로 넘어가는 시기와 맞물려 있다. 따라서 중학교 1학년 학생들의 상당수가 T-Money 카드를 사용할 경우 어린이 요금을 적용 받을 수 있다. 대학교 1학년 학생들의 상당수 역시 청소년 요금을 적용받을 수 있다.

실제로는 이렇게 어린이 요금으로 적용받을 수 있는 중학교 1학년 학생들의 경우, 버스에 승차하게 되면 버스 기사와 상당한 요금 시비를 벌이고 있는 현실이다.

서울 K중학교 1학년 김 모군은 "아침에 버스를 탔는데, 기사 아저씨가 어린이 카드를 사용하면 안된다. 요금을 더 내라고 하는 바람에 기분이 좋지 않았다."라고 하면서 "규정상 아무 잘못이 없는데, 요금을 더 내려니 억울한 느낌이 들었다."고 밝혔다.

이런 일은 K중학교 학생만이 아니다. 서울 A중학교 이 모군 역시 "어린이 요금으로 처리되는 것을 보고 있던 기사 아저씨가 중학생은 청소년 요금을 내야 한다."고 해서 "중학교 1학년도 만 13세가 되기 전에는 어린이 카드를 사용할 수 있다."고 항의하자 네가 뭘 안다고 그러느냐고 도리어 면박을 주더라는 것이다.

한국스마트카드에서 운영하는 T-Money 홈페이지에는 이 같은 질문이 여러 개 올라와 있다. 관리자는 "만 13세가 되면 자동으로 청소년 요금으로 적용이 되기 때문에 만 13세가 되기 전에는 어린이 카드를 사용할 수 있다."는 답변을 여러 곳에 해놓고 있다. 따라서 중학생이 어린이 카드를, 대학생이 청소년 카드를 기간 만료전에 사용하는 것은 문제가 없는 것이다.

이런 문제가 발생하는 것은 각 버스회사에 홍보가 제대로 되지 않았기 때문이다. 서울시와 한국스마트카드에서 이에 대한 사실을 각 버스회사에 알려 주어야 할 것이다. 정당하게 버스를 이용하는 학생들이 더 이상 피해를 입지 않도록 석설한 조치를 취해야 할 것이다.

〈칼럼〉　　　　　　　　　이창희 서울 강현중학교　등록 2005.03.05 11:23:00

학교폭력 자진신고제도의 실효성

　정부는 점점 과격·집단화되는 학교폭력을 막기 위해 내달까지 '학교폭력 자진 신고 및 피해 신고 기간'(3월 4일~4월 30일)을 운영한다고 4일 밝혔다. 학교폭력 가해자가 이 기간 자진 신고하면 최대한 관대한 처벌을 하고, 피해 학생은 다른 학교로 전학이 가능하도록 할 방침이라고 한다.

　김진표 교육부총리는 이에 대하여 학교폭력을 뿌리뽑기 위한 중·장기 대책의 일환으로 운영되는 것이라고 밝혔다.

　학교폭력이 사회 문제화된 것이 어제, 오늘 일은 아니라고 본다. 그동안 비슷한 대책이 많이 나오고 시행된 까닭에 학교폭력의 횟수는 감소하였다. 그러나 그 형태는 날이 갈수록 강도가 심해지고 있다. 즉, 성인 폭력집단을 닮아가고 있는 것이다. 이러한 현실에서 정부 차원에서 학교폭력을 뿌리뽑기 위해 발 벗고 나선 것은 환영할 만한 일이다.

　이 대책이 실효를 거두기 위해서는 현재와 같은 신고 체제로는 어렵다는 것이다. 실제로 학생들이 폭력에 시달려도 신고하는 예는 많지 않다. 지금도 학교의 담임선생님이나 생활지도부, 시 교육청에 신고하면 반드시 해결해 주기 위한 노력을 하고 있다. 그러나, 신고가 거의 들어오지 않기 때문에 지도가 어렵게 된다.

　또한, 신고할 경우, 해당 학생은 물론 가해자 학생을 조사하게 되는데, 조사 과정에서 서로의 신상이 알려지게 되고, 이로 인하여 보복이 뒤따르는 경우가 많게 된다. 피해 학생들이 신고하지 않는 이유일 것이다.

　이번에 자진 신고 기간에 얼마나 많은 피해 학생이 신고할 수 있을지, 그리고 그 신고 학생들을 어떻게 보호할 것인지가 성공의 관건이라 하겠다. 신고

후의 대책을 좀 더 확실히 세우는 것이 효율적일 것이다.

한편, 가해자도 자진 신고를 하면 처벌하지 않고 재발 방지를 위한 지도를 한다고 한다. 실제로 학교폭력은 피해자가 신고하는 경우가 대부분이다. 가해자가 얼마나 자진 신고에 동참할지 미지수이다. 가해자는 피해자가 신고할 경우, 표면에 드러나게 되는데, 이렇게 표면으로 떠오르기 전에는 가해자에 대한 어떠한 정보도 알 수 없는 것이다. 이런 상황에서 자진해서 가해자의 신고율이 어느 정도나 될지 의문이다.

어쨌든, 학교폭력은 사라져야 한다. 약한 학생들을 보호하고 편안하고 마음을 놓고 다닐 수 있는 학교가 되기 위한 선결 조건이다. 학교폭력의 수위가 위험수위를 넘어섰기 때문에 정부 차원에서 대책을 강구하는 것으로 본다. 그러나, 이런 자진 신고 기간을 정했다는 것은, 성인 범죄자에게 적용되는 경우와 같다는 것에 일선 교사의 한 사람으로 씁쓸함을 느낀다. 아울러 책임을 통감하게 된다.

일선 학교의 교사와 경찰 및 사회단체들이 함께 참여하여 지도할 수 있는 프로그램의 개발이 필요하다. 교사에게 실질적으로 학생들을 지도할 수 있는 권한도 함께 주어져야 한다. 단순하게 상담을 통한 지도는 이미 한계에 와 있다는 생각이다.

어느 한쪽만의 노력으로 해결될 문제가 아니다. 학생, 학부모, 교사, 사회단체 등이 힘을 합쳐 지도할 때 학교폭력은 사라질 것이다.

〈칼럼〉   이창희 서울 상도중학교 등록 2005.03.09. 10:34:00

'스쿨폴리스'의 바람직한 방향은?

미국 등 선진국에서는 이미 '스쿨 캅'이라는 제도를 이용하여 스쿨폴리스와 비슷한 활동을 하고 있다. 이제 우리나라에서도 이러한 제도가 도입되어 간접적이지만, 학교 내에 경찰이 상주하는 형태로 가고 있는 것이다.

학원 폭력을 예방하고 학생들을 바르게 인도한다는 기본취지에는 전적으로 공감한다. 이로 인하여 학교 내의 보이지 않는 폭력 등이 감소될 것으로 기대된다.

그러나 학교 자체에서 해결하기 위한 방안이 다양하게 세워지지 않은 상태에서 퇴직 경찰관이라고는 하지만, 위압적일 수밖에 없는 경찰관 출신들이 학교에 상주하는 것은 그리 바람직한 발상은 아니라고 본다. 한창 감수성이 예민한 청소년들에게 위압적 분위기를 조성하는 것은 결코 도움이 되지 않을 것이다.

도리어 이런 제도를 도입함으로써 역효과를 초래할 가능성도 있다. 제도 자체를 부정하고 싶지는 않지만, 최근 발표된 폭력 예방을 위한 정부 차원의 대책이 나온 지 하루도 지나지 않은 상황에서 부산에서의 이러한 발표는 그리 반갑지만은 않다는 생각이다.

일선에서의 기대는 학교의 교사들에게 다양하게 지도할 수 있는 권한과 지도 방법 등을 강구하자는 것이다. 어찌 되었든 학교 내에서 학생들의 폭력 예방을 위한 이들의 존재는 교사들에게 또 다른 부담을 줄 가능성이 높은 것이다. 학교 내의 문제가 외부의 인력에 의해 해결되어야 하는 것이 왠지 찝찝한 느낌이기 때문이다.

전직 경찰관을 이용하기보다는 전직 교원 출신들에게 이 역할을 맡기면 어떨까 싶다. 아무래도 경찰관보다는 부드러운 인상에서 교원 출신들이 유리할 것이고, 청소년들을 좀 더 많이 이해하고 있는 것 역시 교원 출신이 아닌가 싶다.

 폭력이나 비행 예방은 물론, 이런 사안이 발생했을 때 상담역할 역시 교원 출신이 하는 것이 더 효율적일 것이라는 생각이다. 물론, 경찰 출신보다 교원 출신들이 훨씬 더 지도를 잘한다는 근거는 없다. 그러나, 오랫동안 학생들을 지도한 노하우는 아무래도 교원 출신들이 더 앞선다고 할 수 있을 것이다.

 정부 차원의 대책과 함께 이번 부산시 교육청과 부산 경찰청의 연계된 방안은 학교폭력의 심각성에서 출발한 것으로 볼 수 있다. 기본 취지에는 앞서 밝힌 바와 같이 공감한다. 다만, 운영상의 부드러움과 효율성을 좀 더 검토하여 도입하는 것이 적절하다는 것이다.

〈칼럼〉　　　　　　　　　　이창희 서울 강현중학교　등록 2005.03.11. 08:37:00

교사만 추방하는 것이 최선인가

3월 10일, 교육인적자원부는 최근 잇따라 불거진 교원의 성적 조작 비리와 성적 부풀리기를 막기 위해 '학업성적 관리 종합대책'을 발표했다. 이 대책은 일선 학교에서 끈질기게 의혹이 제기되고 있는 성적비리관련 문제로 인해 2008학년도 이후에 실시될 내신 비중을 확대한 대입제도의 실효성이 떨어질 것으로 우려되기 때문에 마련된 것이라고 한다.

주요 내용을 살펴보면, 성적 관련 비리에 직, 간접적으로 관계된 교원은 교원의 자격 자체가 박탈되어 다시는 교단에 서지 못한다. 지금까지는 학교를 떠난 교원도 다시 임용시험을 통해 교단에 서거나, 사립학교 임용이 가능했었다. 또한 교내 시험에서 부정을 막기 위해 교사 2명이 시험을 감독하고 학부모도 보조 감독으로 참여시키는 방안이 추진된다.

그밖에 학교의 성적관리위원회의 기능을 강화하여 실질적인 성적관리가 이루어지도록 하며, 학생 수가 많은 경우는 시험을 오전, 오후로 나누어서 치르도록 했다.

그동안 고심한 흔적이 많은 대책임에 틀림이 없다고 보여진다. 그러나, 성적비리의 원인 파악이 제대로 되지 않았다는 생각이다. 최근의 성적 비리 관련 의혹들이 교원과 학부형이 연루되어 있는 경우가 대부분이다. 물론, 첫 번째의 책임이 교원들에게 있는 것은 사실이다. 교원들이 자성하고 재발 방지를 위해 노력하는 것은 지극히 당연하다 할 것이다. 그러나 모두 교원들만의 책임이라고 보기는 어렵다.

학부모의 유혹에 교원들이 넘어가는 것도 문제이지만, 내 자식만 잘되면 그만이라는 식의 학부모의 태도도 상당한 원인을 제공한 것이 사실이다. 따라서 학부모의 의식변화가 우선되어야 성적 비리를 뿌리를 뽑을 수 있을 것이다.

 이번 대책에서 교원에 대한 처리 대책만을 발표한 것은 납득이 잘 안되는 부분이다. 관련 학부모에 관한 내용도 포함되었어야 옳다. 가령, '해당 학부모의 자녀들은 대학입시에 몇 년 동안 응시하지 못하도록 한다.'거나, '대학입시에서 불이익을 준다.'는 등의 대책이 필요한 것이다. 또한'해당 학부모는 경, 중을 가리지 말고 반드시 사법 기관에 고발을 한다.'는 등의 대책도 포함이 되었어야 옳다.

 또한, 시험감독을 교사 2명이 하도록 하였는데, 필자가 근무하는 학교의 경우 27학급에 교원이 48명(교장, 교감, 양호교사 포함)이다. 27학급에 2명의 시험감독이 들어가야 한다면, 교시마다 54명이 필요하게 된다. 교장, 교감, 양호교사까지 감독에 참여해도 교원이 부족하다. 시험 기간 내내 쉬지 않고 감독을 해도 요건 충족이 안 되는 것이다. 이를 위해 시험을 오전과 오후로 나누어서 실시할 수밖에 없게 된다.

 그러나, 학급수가 많지 않은 학교의 경우는 어떻게 해야 하는가의 문제가 나오게 된다. 교원의 수는 학급수에 따라 일정 비율로 정해져 있다. 따라서 학급수가 적은 학교는 상대적으로 교원의 수도 적다. 얼마 안 되는 학급을 위해 시험을 오전, 오후로 나누어 치른다는 것은 시간 낭비, 인력 낭비일 수밖에 없다.

 학부모의 참여도 마찬가지이다. 이미, 서울시내 학교에서는 수년 전부터 이 제도를 시행했었다. 현재도 간혹 시행하는 학교가 있다. 그러나, 감독을 담당함으로써 받는 정신적, 육체적 어려움을 호소하는 학부모들이 많다. 학부모 감독관을 위촉하기 어려운 실정이다. 이에 따라 많은 학교들이 중도 포기한 방법이 학부모 감독관 위촉이다.

 시험감독을 몇 명으로 늘리느냐보다는 교사들의 연수가 필요하다 할 것이다. 연수를 통해 확실한 사명감을 갖추는 것이 더 중요하다. 이런 측면에서 볼 때,

관련 연수를 확대한다는 대책은 바람직하고 기대되는 대책이라 하겠다.

학교 성적 비리는 반드시 뿌리 뽑아야 한다. 교육 당국, 일선 학교, 교원, 학부모, 학생 모두가 함께 노력해야 실현이 가능할 것이다. 재발 방지를 위한 모두의 노력이 절실히 요구되는 시점이라 하겠다. 이를 토대로 더 나아가서는 대입제도의 근본적인 개선이 요구된다고 할 것이다.

〈칼럼〉　　　　　　　　　이창희 서울 강현중학교　등록 2005.03.17 09:16:00

다가오는 주5일 수업제의 첫번째 휴업일

올해부터 전국의 초·중·고는 월 1회 주 5일 수업제를 실시하게 되어 있다. 이제는 이 사실을 학생은 물론, 학부모와 일반 국민들도 대부분 알고 있다. 본격적인 주 5일 수업제 실시에 앞서 부작용을 최소화하기 위해 올해는 우선 월 1회 실시하고 서서히 그 횟수를 증가시킬 것으로 보인다.

서울시교육청 관내의 초·중·고에서는 형제, 자매의 일정을 맞추기 위해 매월 마지막 주를 월 1회 휴업일로 하였다. 이제 다음 주 토요일인 26일이 되면 역사적인 주 5일 수업제의 첫 번째 휴업을 실시하게 된다.

월 1회 휴업과 함께 학생이 있는 곳에는 교사가 함께 있어야 한다는 논리에 의하여 휴업일에 등교하는 학생들을 위해 학교에서는 다양한 프로그램을 준비해 놓고 있다. 영화 상영, 컴퓨터실 개방, 영어 회화, 요리 실습 등이다. 필자가 근무하는 학교에서도 역사적인 첫 번째 휴업일을 위해 다양한 활동을 학생들이 자유롭게 할 수 있도록 만반의 준비를 하고 있다.

이를 위해 지난주에, 휴업일에 등교할 학생들을 조사하였다. 그런데, 웬일인지 등교하겠다는 학생들이 거의 없었다. 대략 1개 학급에서 1명만 등교해도 30여 명이 될 것인데, 사정은 그렇지 않다. 단 한 명도 없는 학급이 상낭수 있다. 있어도 1학년 중심으로 학급당 1명 정도가 대부분이다.

사정은 다른 학교도 별반 차이가 없다. 인근에 있는 K중학교와 D중학교도 등교를 원하는 학생이 거의 없는 실정이다.

그러나, 교사들은 이미 연간 계획에 의해 전체 교원을 8개 조로 나누어 근무조를 편성한 경우가 대부분이다. 교원 수가 50명 정도 된다면 휴업일마다 6~7명의 교원이 출근하여 학생들을 지도해야 한다. 그런데, 지도할 학생이 거의 없게 되었다.

이러한 현상은 이미 예견된 것이었다. 초등학교의 경우는 그래도 등교하는 학생들이 많겠지만, 중학교 이상에서는 등교할 학생이 거의 없을 것이라는 것을 교원들 모두가 우려했던 바이다. 현재는 중학교 1학년 학생들 중 극히 일부가 등교 신청을 했지만, 4월, 5월로 가면서 그 인원은 더 줄어들 것으로 보인다.

따라서 토요휴업일의 학생 지도에 대한 방안을 새롭게 할 필요가 있다. 각급 학교에서는 더 많은 학생들이 등교하도록 유도해야 한다. 이를 위해서는 좀 더 다양한 프로그램의 개발과 학생 및 학부모의 의식 변화가 요구된다.

놀러 가는 학교를 왜 가느냐 하는 식의 인식은 바람직하지 않다. 학교 역시 학생들이 등교를 하지 않더라도 가정에서 스스로 학습할 수 있는 사이버 가정학습 프로그램 개발 등의 대책을 강구해야 할 것이다. 이를 위해 학교 홈페이지를 적극적으로 이용하는 방안도 하나의 방안이 될 것이다.

사이버 가정학습을 위해 원격교육프로그램을 구입하여 교사들이 학습자료를 개발하고 직접 강의하여 홈페이지에 올리는 방안이 정착된다면 학생들이 굳이 학교에 나오지 않더라도 소기의 학습효과를 거둘 수도 있는 것이다.

주 5일 수업제의 첫 번째 휴업, 학생들이 없는 곳에 교사만 있는 꼴이 되지 않았으면 하기는 바람이다.

〈칼럼〉　　　　　　　　　　　　이창희 서울 강현중학교 등록 2005.03.18. 11:19:00

일석이조(一石二鳥)의 학교 방문

보통 학부모들은 특별한 일이 있지 않으면 학교 방문을 거의 하지 않는다. 좋은 쪽으로 해석하면 "학교에서 교육을 잘 시킬 것으로 기대하기 때문"일 것이고 반대로 해석하면, "아직도 학교의 문턱이 높기 때문"일 것이다. 너무 자주 방문하여 학교 교육활동에 지장을 초래하는 경우가 생기면 안 되겠지만, 이런 경우를 제외하고는 자식을 맡긴 부모로서 언제든지 학교를 방문 할 수 있는 권리가 있다고 하겠다.

방문해서 자식들의 공부하는 모습도 살펴보고, 담임선생님과 상담할 수 있다면 학교 방문을 통하여 소기의 성과를 거둘 수 있는 것이다.

서울 안천중학교(교장 남○○)는 3월 17일(목) 학부모 총회를 맞아 6교시에 전 학년이 공개수업을 실시하였다. 1, 2, 3학년 전 학년을 모두 개방하여 학부모가 자유롭게 수업을 참관할 수 있도록 한 것이다. 물론, 사전에 각 학급의 과목과 담당 교사를 학부모들에게 공지했다.

학부모들은 대부분 자신의 아이들이 있는 교실에서 공개수업을 참관하였다. 이 학교에서는 공개수업 실시 후에 학부모 총회를 열었다. 학부모들은 공개수업 참관과 함께 담임선생님과의 상담도 함께 할 수 있어, 일석이조의 효과를 본 것이다. 특히, 교원 평가가 첨예하게 떠오르고 있는 시점에서 이런 행사를 실시했다는 것은 매우 의미가 깊다 하겠다.

공개수업을 참관한 학부모들은 매우 긍정적인 반응이었다. 이 학교의 1학년 학부모인 C씨는 "초등학교 때는 가끔 수업 참관을 할 기회가 있었으나, 중학교에서도 이런 기회를 갖게 되어 매우 기쁘다. 열심히 가르치는 선생님의 모습이 인상적이었다."라고 평을 하면서 "많은 선생님들이 이렇게 열심히 가르치고 있는데, 사회에서 자꾸 교사들을 나쁘게 평가하는 경향이 있어 마음이 무겁다."
라고 하였다.

또 다른 학부모는 "집에서 보는 아이와 학교에서 보는 아이가 달라 보였다. 훨씬 더 의젓하고 발표도 잘하는 모습에 한층 성숙했음을 느꼈다.", "정말 선생님들이 준비도 많이 하고 열심인 것 같았다."라고 평하였다.

그러나, 이 행사에 참여한 학부모가 그리 많지 않았다는 후문이다. 아무리 학교에서 좋은 취지로 행사를 실시해도 학부모의 참여가 부족하다면 소기의 성과를 거두기 어려울 것이다. 학교 교육에 대한 부정적인 생각을 버리고 학교 교육활동에 함께 참여할 기회가 주어지면, 참여를 열심히 하는 학부모의 자세도 필요하다 할 것이다.

학교의 벽을 낮추기 위한 노력이 안천중학교뿐 아니라 모든 학교에서 함께 할 때 학교 교육에 대한 신뢰는 빠르게 회복될 것이다.

〈칼럼〉 이창희 서울 강현중학교 등록 2005.03.19. 20:36:00

'배식당번 금지'가 성공하려면

서울시내 초등학교에 재학 중인 자녀를 둔 학부모들의 학교 급식 당번 부담이 크게 줄어들 것으로 보인다.

17일 서울시교육청에서 "초등학교 1, 2학년을 주 대상으로 이뤄지는 급식 당번 자원봉사가 사실상 강제 할당 당번제로 운영돼 맞벌이 학부모의 민원이 잦았다."라며 "강제적인 배식 당번제를 금지하고 학부모에게 청소를 시키지 않도록 일선 초등학교에 지침을 내렸다."고 한다.

이에 따라 앞으로는 고학년을 많이 참여시키고 종교단체 등 외부 자원봉사자를 동원하며, 유급 인력을 채용하는 방안을 활용해야 한다. 일단 유급 인력 채용보다는 순수한 자원봉사 체제로 바꾼다는 것이다.

좀 늦은 감이 있지만, 매우 반가운 일이 아닐 수 없다. 그동안 많은 학부모들이 자신의 의지와 관계없이 학교를 방문하여 급식 당번을 해야 했다. 맞벌이 부부 등 시간을 내기 어려운 경우는 주변에서 일당을 주고 대리로 급식 당번을 시키는 경우도 많았다.

그동안의 관행을 개선하기 위한 시 교육청의 노력은 환영할 만하나. 학교에 대하여 학부모들이 부담감을 갖는 것은 바람직하지 않기 때문이다.

그러나 완전히 부담감을 해소하기 위해서는 좀 더 연구가 필요하다는 생각이다. 순수한 자원봉사 체제로 개편을 할때 급식에 꼭 필요한 만큼의 인력이 확보될 수 있느냐 하는 것이다. 실제로 급식의 초창기 취지는 자원봉사자의 활용에 있었을 것이다. 그것이 시간이 흐르면서 변질되어 강제적 할당으로 이어졌을 것이다. 따라서 자원봉사자의 확보 방안이 필요하다 할 것이다.

반면, 유급 인력을 채용할 경우 이들에게 지급될 임금이 급식비에 포함될 수밖에 없다. 그렇다면 학부모의 추가 부담이 발생할 것이다. 그 추가 부담을 줄이기 위해 노력하다 보면 급식의 질이 떨어질 우려도 있다.

추가 부담도 전체 학년이 고르게 분담할 수 있는 성질이 아니다. 초등학교 저학년 즉 1, 2학년에서 모두 부담해야 하므로 예상외로 큰 부담이 될 수도 있는 것이다. 따라서 시 교육청의 방안처럼 우선은 유급 인력 채용은 보류하고 자원봉사자를 많이 확보하는 것에 주력할 필요가 있다.

만일 유급 인력 채용이 불가피한 경우가 생긴다면 이에 따른 일정액의 비용을 교육청에서 지원하는 방안이 장기적으로 강구되어야 할 것이다. 교육청과 학부모가 일정 비율씩 분담을 한다면 학부모의 부담이 현저하게 감소 될 것이기 때문이다.

학교 급식뿐 아니라 학교에서 학부모를 동원하는 것은 바람직하지 않다. 좀 더 발전적인 방향으로의 연구가 필요하다. 학교 교육에 따른 불합리한 제도를 개선하기 위한 시 교육청의 노력이 피부에 와닿고 있다. 그러나 개선할 것이 많은 현실을 감안할 때, 시 교육청에서는 한가지씩 장기적인 계획을 세워서 해결했으면 하기는 바람이다. 말로만 하는 개선은 바람직하지 않기 때문이다.

〈칼럼〉   이창희 서울 강현중학교 등록 2005.03.21 10:37:00

작은 책에도 큰 이야기가….

"우리 민족의 존속과 발전을 위한 또 하나의 교육적 과업은 교사에게 사람을 얻는 일과 그로 하여금 학생 교육에만 전심케 하는 일입니다. 더 말할 나위 없이, 학생을 가르치자고 세운 것이 학교입니다. 그런데 학생들을 가르치는 이는, 다름 아닌 교사인 것입니다. 건물과 운동장은 물론, 교사 아닌 누구도 학생을 가르치고 있는 것은 아닙니다. 교사가 아닌 교육계 인사들 모두는 학생을 가르치는 교사 때문에 있는 것입니다. 교장도 교육감도 문교 장관(교육부총리)도, 그가 있어서 교사가 학생을 더 잘 가르칠 수 있는 사람이 된 데서만 월급을 받아 옳은 것입니다. 그러므로 최종적으로 학교 교육의 질을 결정하는 이는 바로 이 교사인 것입니다."

교육에 있어서 교사가 왜 중요한지 잘 나타나 있다. 지금보다 훨씬 이전이 30여 년 전에 쓰여진 글이다. 그 시대에도 이미 교사가 학교 교육에서 가장 중요한 위치에 있다는 것을 강조하고 있다.

교장, 교육감, 교육부 장관은 모두 교사가 학생을 더 잘 가르칠 수 있는 사람이 된 데서만 존재할 수 있고, 그래야만 월급을 받을 수 있다는 것이다. 학교 교육의 중추적인 역할을 하는 것은 교사라는 것을 강조하고 있는 것이다.

이 책은 1977년도에 초판이 나왔었고, 1996년에 중판되었다. 책의 내용으로 미루어 6~70년대의 교육현실에 대하여 써 놓은 것으로 보인다. 그 시절에 교육의 문제점을 조목조목 따지듯이 써 내려갔다. 아울러 해결책을 함께 제시하고 있는데, 그 해결책이 지금에서야 적용되는 부분도 있고 아직도 적용되지 못하고 있는 부분도 상당수 있다.

이 책의 특징은 일상적인 산문이 아니고, 서간문이라는 것이다. 총 12편의 편지로 이루어져 있는데, 실제로 발송되었던 편지라는 느낌이 든다. 교육계의 문제는 물론, 감동적인 이야기, 훌륭하게 학교를 경영하는 교장, 교육장 등을 중심으로 이루어진 장문의 편지이다.

읽기에 전혀 부담이 가지 않는다. 일상적으로 자신에게 배달된 편지를 읽는 느낌이다. 학생들을 지도하는 교사는 물론, 교장, 교육 전문직, 교육행정직 등이 모두 읽어볼 만한 책이다.

저자는 성래운(成來運)교수로, 성균관대학교 교수, 문교부 수석장학관, 연세대학교 교수를 역임하였다. 본문의 내용으로 보아 교사로 재직한 경력도 있는 듯하다. 책의 크기가 문고판보다 작다. 전체 페이지는 190여 페이지이고 세로쓰기로 되어 있다. 예전의 책 내용과 함께 출판 형태도 함께 할 수 있는 책이다.

-다시 선생님께, 성래운 저, 배영사-

〈칼럼〉   이창희 서울 강현중학교   등록 2005.03.24 09:11:00

체험학습과 전세버스

새 학기가 시작된지도 어느덧 한 달여가 지나가고 있다. 지금쯤이면 각급학교에서 대체로 연간 교육활동 계획에 의한 교육활동이 자리를 잡아가고 있는 시기일 것이다. 학기 초의 어수선한 분위기도 가라앉고 학생들도 학업에 열중하게 되는 시기이기 때문이다.

이제 곧 4월이 다가온다. 4월이 다가오면 3월과는 달리 학교의 각종 행사 일정을 소화하게 된다. 빠른 경우는 본 소풍을 실시하는 학교도 있지만, 4월 행사의 꽃은 수련 활동과 수학여행이라 할 것이다.

수련 활동은 체험 중심의 인성교육 강화라는 목표를 가지고 공동체 의식 함양과 가족과 부모의 소중함을 일깨워 주는 매우 좋은 활동이다.

그런데 각급 학교의 수련 활동과 수학여행이 대체로 4월에 몰리다 보니 전세버스 구하기가 하늘의 별 따기만큼이나 어려운 실정이다. 예전에는 수련원 측에서 전세버스 회사와 연계하여 차량을 구했으나 현재는 학교 자체로 차량을 구하여 계약해야 한다. 수련원에서는 전세버스를 계약할 수 없게 되어 있다고 한다.

현재 서울 시내의 초·중·고등학교에서 차량을 구하지 못해서 발을 구르는 학교들이 적지 않다. 각 전세버스 회사의 이야기로는 작년에 비해 올해 전세버스가 1,000~2,000여 대를 폐차했다고 한다. 그리고 그만큼 보충하지 못해 최소한 작년에 비해 수백 대의 차량이 부족하다는 것이다.

학교행사는 비슷하게 계획되어 있는 실정인데, 차량이 줄어들다 보니, 각급 학교에서는 하루라도 빨리 전세버스를 구해 계약을 마치기 위해 노력하고 있다. 사정이 이렇다 보니 작년에 비해 2배의 요금을 내고도 차량을 확보하기 위해 경쟁

아닌 경쟁을 하고 있다.

　같은 수련원을 이용할 경우 같은 회사의 버스를 이용하면 요금을 절반 정도 줄일 수는 있다. 가령, 수련원에 입소하는 학생을 수송한 버스가 퇴소하는 학생들을 받아서 수송하게 되면 양쪽 학교에서 절반의 요금만 지불하면 되기 때문이다. 그러나 그것도 같은 지역의 학교일 경우 가능하다. 다른 지역의 학교와 교대하는 경우는 거의 불가능하다고 보아야 할 것이다.

　일선 학교의 교원들은 "체험 중심의 교육을 하려 해도, 교통 사정이 이런데 어떻게 원활한 교육이 이루어지겠는가? 각 시·도 교육청별로 대책이 필요하다. 학생 수송의 경우는 특별 할인 혜택을 부여하고 우선권을 주어야 한다."라는 의견을 내놓고 있다. "각급 학교에서 차량을 구하여 수련회나 수학여행을 실시하기에는 무리가 따른다."라고 지적하고 있다.

　이런 사정 때문에 결국은 피해를 보는 것이 학생과 학부모이다. 수련 활동 비용도 해마다 상승하고 있는 시점에서 차량 이용료를 심할 경우 2배 정도 더 지급해야 하기 때문이다. 일선 학교에서는 이미 계획된 활동을 취소할 수도 없고, 울며 겨자먹기식으로 추진 하고 있는 것이다.

　체험 중심의 인성교육이 좀 더 활성화되기 위해서는 이러한 전세버스 대란을 해결 할 수 있는 방안을 찾는 것이 무엇보다 중요하다 할 것이다. 우리의 학생들은 우리나라 미래를 이끌어갈 중요한 인재들이기 때문이다.

〈칼럼〉   이창희 서울 강현중학교 등록 2005.03.25 10:51:00

"경찰은 마지막에 나서야 한다"

"학교폭력은 어떠한 경우도 용납되지 않습니다. 우리 모두 즐거운 학교생활을 위해 학교폭력을 예방하고, 그동안의 학교폭력은 자진 신고합시다." 3월 22일 오전 8시, 서울 강현중학교 정문 앞의 모습이다.

이 학교 생활지도부장 및 교사, 경찰관, 학부모가 함께 교문에서 피켓을 들고 학교폭력 예방에 관한 홍보활동을 하고 있었다. 인근의 상도3동 파출소에 근무하는 경찰관 다섯 명과 학부모, 이 학교의 생활지도부 교사들이 합동으로 홍보활동을 하였다.

처음에는 무슨 일이 있는가 싶어 모여들었던 학생들과 인근의 주민들은 홍보활동임을 알아차리고 삼삼오오 모여서 이야기를 나누고 있었다. "정말로 학교폭력이 심각하긴 한 모양입니다. 저렇게 경찰관까지 나와서 홍보활동을 하는 것을 보니…" 인근 주민의 이야기이다.

"학교 앞에 경찰이 나타나니 무섭기도 하지만, 그래도 직접 경찰관들이 나서는 것을 보니 앞으로는 안심하고 학교에 다닐 수 있을 것 같습니다." 이 학교 2학년

L양의 이야기이다. 덧붙여서 L양은 "정말이지 학교폭력은 사라져야 합니다. 이렇게 시작한 것이니만큼, 반드시 뿌리를 뽑아 주셨으면 좋겠습니다."라고 소망을 이야기하였다.

그러나, 이런 활동을 모두 긍정적으로 보고 있는 것 같지는 않았다. 이 학교 K 교사(40)는 "이제는 학교 앞까지 경찰들이 나오고, 정말로 학교가 제 기능을 잃어가는 것 같다. 학교가 본래의 기능을 찾기 위해서는 교사와 학생, 학부모가 함께 노력해야 할 것이다."라면서 다소 무거운 표정을 지었다.

다른 교사들도 "학교의 문제를 학교에서 해결할 수 있는 지혜를 발휘해야 한다. 나중에는 경찰이 교실에서 학생들을 감시하는 중에 교사가 수업해야 하는 시대가 오는 것 아니냐"면서 염려하는 분위기였다.

학교폭력은 어떤 경우든 용납될 수 없다. 따라서 학교 내에서 해결하는 것이 가장 좋은 방법이다. 이를 위해서는 교사, 학부모, 학생들이 함께 지혜를 모아야 한다. 경찰의 도움은 최후의 방법이 되어야 한다. 학교 문제의 해결은 교육 당사자들이 해야 한다. 모두가 슬기롭게 대처해야 하는 시점이 아닌가 싶다.

〈칼럼〉   이창희 서울 상도중학교   등록 2005.03.28. 08:14:00

주5일 수업, 뭐가 어떻다는 건가?

24일과 25일, 언론매체마다 주5일 수업제에 따른 26일의 토요휴업에 대하여 보도를 하고 있다. 전국의 초·중·고등학교가 주 5일 수업제 도입에 따라 첫 번째 휴업을 실시하는 날이 바로 26일이라는 것이다.

토요 휴무일은 시·도교육청별로 자율적으로 정하도록 했지만 2명 이상의 초·중·고생을 둔 가정의 경우 학교별로 쉬는 날이 다르면 가족 활동이 불편할 뿐 아니라 공무원도 매주 2, 4주 토요일에 휴업하는 점을 감안, 16개 시·도교육청이 모두 넷째 주 토요일을 휴무일로 정했다는 교육부의 설명도 자세히 보도하고 있다.

또한, 주 5일 수업에 따라 학생들이 소외되지 않도록 하라는 교육부의 당부와 강제로 등교시키거나 숙제를 과다하게 부여하여 또 다른 사교육 증가 요인이 되지 않도록 지도하고 학교별로, 또는 지역사회와 연계해 다양한 토요 프로그램을 개설해 운영하라는 지시 내용도 자세히 보도하고 있다.

이쯤 되면, 일반인들이 이 기사를 접하면, "학교도 토요일은 수업을 하지 않고 쉬는 모양이다."라고 생각을 하게 될 것이다. 아니 그렇게 생각하는 것이 어찌 보면 당연하다 할 것이다.

그러나, 학교의 현실은 어떠한가. 월 1회의 토요 휴업제에 따라 쉬는 토요일의 수업을 주중에 분산하여 실시하고 있다. 교사라면 이 사실을 모르는 교사는 없다. 그러나 일반인들은 어떠한가. 이러한 사실을 알고 있는 일반인은 아마 거의 없을 것이다.

보통의 기업체나 공공기관처럼 단순하게 토요일에 근무를 하지 않으므로,

수업을 하지 않을 것으로 생각하게 되는 것이다. 학교는 월 1회 토요휴업을 실시하지만, 수업 시간은 단 1%도 줄지 않았다. 다른 분야의 주5일 근무제와 같이 생각해서는 안 된다.

학교별로 특별프로그램을 개설하고 학생들을 기다리는 교사들이 10% 이상 있다. 일반 기업체와는 다른 측면으로 보아달라는 것이다. 모든 교사들이 그대로 쉬는 것은 절대 아니다. 학생들이 있는 곳에는 반드시 교사가 함께 해야한다. 이 논리를 부정하는 교사는 없다. 다같이 열심히 하려고 노력하고 있다.

이러한 사실을 언론매체에서 한 번쯤 언급을 해주어야 옳다고 본다. 교육을 대변하는 한국교육신문 인터넷판에 게재되어 있는 연합뉴스에도 이러한 사실이 없다는 것은 유감이다. 일반 국민들에게 정확한 주 5일 수업제에 대해 알려야 한다는 생각이다.

학교를 단순히 일반 기업체의 주5일 근무와 비교하는 것은 무리가 있다고 본다. 단순하게 근무 시간이 줄어드는 것이 아니다. 모든 교사와 학생은 수업 시간을 다 채웠다. 그렇게 하고 겨우 한 달에 한 번 찾아오는 토요휴업에 대하여 모든 언론이 왜 그렇게 관심이 많은 이유를 모르겠다. 뭐가 어떻다는 이야기인가.

우리의 학교와 교사, 그리고 학생들은 결코 적당히 토요휴업일을 보내려고 하지 않고 있다. 항상 학생들을 걱정하고 우리 교육을 걱정하는 것이 일반 기업체의 주5일 근무제와는 근본적으로 다르다는 것을 강조하고 싶다.

〈칼럼〉　　　　　　　　　　　이창희 서울 상도중학교　등록 2005.03.29 16:40:00

다면평가제, 신중한 접근을 바란다

　최근 교육인적자원부의 올해 업무보고에 따르면 "교원평가제를 인사관리형에서 능력개발형으로 전환해 교장, 교감과 동료 교사, 학생, 학부모의 다면평가를 통해 지도 능력 및 전문성을 높이며 교장을 평가 대상에 추가해 학교경영 능력 등을 검증하기로 하고 올해 48개교에서 시범 운영할 계획"이라고 한다.

　그동안 현실적이지 못한 다면평가제에 교육계에서 내놓은 우려의 목소리가 이제는 현실로 다가오는 모양이다. 현실과 동떨어진 비현실적인 평가제가 앞으로 교육계에 많은 파장과 부작용을 불러올 것으로 보인다.

　그럼 이러한 다면평가제가 왜 안되는 것인가? 왜 어떤 부작용이 있길래 시행도 해보지 않고 우려하고 있는 것일까? 여기에 간단한 해답이 있다.

　3월 24일 자 동아일보에는 "통계청이 현 정부가 추진해 온 다면평가제도를 개선하기로 했다. 직원들이 인기 관리에만 관심을 기울이는 등 부작용이 많다는 것이다. 참여정부 들어 51개 중앙부처나 기관이 도입한 다면평가제에 대한 논란이 계속돼 온 터라 통계청의 제도 개선 선언은 다른 부처에도 영향을 미칠 전망이다."라는 기사가 실렸다.

　다면평가제가 긍정적 측면보다는 부정적 측면이 많다는 것을 현실적으로 나타내 주고 있는 것이다. 기사를 계속 살펴보면 "통계청은 앞으로 승진심사를 할 때 근무 성적, 경력, 교육점수만으로 승진 후보자를 추린 뒤 이 중에서 다면평가 점수가 기준 미달인 후보자를 탈락시키는 방식으로 다면평가제를 운영하겠다고 23일 밝혔다."

　이미 다면평가제를 실시하고 승진에 이를 반영한 통계청에서 처음으로 보완

방침을 밝힌 것이다. 시행해 보니, 다면평가제라는 것 자체가 문제가 많다는 것이다. 교원 다면평가제의 문제점으로 지적되고 있는 것들이 실제로 통계청에서 문제로 드러난 것이다.

향후 더 발전해 나가면 문제가 없다고 하지만, 실제로 문제가 나타난 것을 쉽게 생각해서는 안 된다는 생각이다. 이미 시행하고 있는 민간 기업들도 이 제도의 부작용을 인식하고 대부분 다면평가 결과를 승진 여부를 결정하는 데 참고 자료로만 활용하고 있다는 것은 교원의 다면평가제를 실시하고자 하는 교육부의 방침에 시사하는 바가 크다고 하겠다.

물론, 평가를 다양화한다는 것은 잘못된 것이 아니다. 다만, 부작용이 없고 모두가 공감할 수 있는 평가방안을 도입해야 한다는 생각이다. 현실을 정확히 인식하고 실시해야 한다는 생각이다. 교육계에 변화가 요구된다고 해서 이미 문제점이 많이 표출된 무조건적인 다면평가제를 도입해야 하느냐 하는 것이다.

좀 더 시간을 두고 연구와 검토가 이루어져야 할 문제라는 생각을 지울 수가 없다. 교육의 결과는 먼 훗날에 나타나는 것이다. 따라서 장기적인 안목이 필요한 것이 교육이다. 다면평가제도입도 이러한 관점에서 좀 더 신중한 접근이 필요하다 하겠다.

〈칼럼〉   이창희 서울 상도중학교   등록 2005.03.30 09:18:00

교총의 설문 내용, 문제 있었나

3월 29일 자 중앙일보의 취재 일기에 이런 내용이 실렸다.

"설문조사 문항을 꼼꼼히 살펴보면 교총이 이런 결과를 교묘하게 유도했다는 의혹을 지울 수 없다. 설문에는 '교원 평가는 교육의 특성에 맞지 않으므로 도입돼서는 안 된다.'라는 문항(6번)이 있다. 교원평가제도 도입 자체를 막아야 한다는 의지가 반영된 질문이다. '교원 평가는 장차 구조조정으로 연결될 수 있으므로 막아야 한다.'는 질문(9번)은 더 노골적이다. 아예 교원 평가가 교원의 신분 약화로 이어진다는 듯한 인상을 강하게 주는 질문이다."

교원 평가와 관련하여 진행되었던 한국교총의 설문 문항을 가지고 꼬집은 것이다. 물론 독자에 따라서는 중앙일보 내용에 공감할 수도 있다. 그러나 대상이 교원이었고 또한 이 설문을 조사한 목적은 당연히 교원평가제도 도입이 옳지 않다는 것을 알리기 위한 것이었다는 생각이다.

중앙일보에서 지적한 "교묘하게 유도했다는 의혹"에는 공감할 수 없다. 설령 결과를 유도한 흔적이 있을지는 몰라도, 교묘하게 유도했다는 표현은 좀 과장된 표현이라 생각된다. 문항(6번)의 경우 교원 평가가 교육의 특성에 맞느냐 안 맞느냐를 우선 질문했고, 그것의 도입이 옳으냐 옳지 않으냐의 문제를 묻는 형식이었기 때문에 답하는 사람의 입장에서는 대체로 특성에 맞지 않으므로 도입이 옳지 않다고 생각하는 교원들만이 응답한 결과일 뿐이다.

또한 9번 문항 역시 교원들 사이에 첨예한 이슈가 구조조정을 할 것이냐, 안 할 것이냐로 보는 것이다. 현재는 교육부에서 절대 그런 일이 없다고 하고 있지만 향후에 가능성은 언제나 열려있기 때문에 교원들이 이 문항에 대하여 막아야 한다고 본 것이다. 문항이 그렇지 않더라도 어떤 형태로든지 향후에 교원

평가는 신분이나 보수에 영향을 주리라는 것을 교원이라면 누구나 생각하고 있기 때문에 다른 형태로 질문을 했어도 그 결과는 큰 차이가 없었을 것으로 볼 수 있다.

이 기사의 말미에 이런 내용이 있다. "교총 측은 이런 지적에 대해 '설문 문항이 편파적이고 응답자의 판단에 영향을 줄 수 있었다.'라고 인정했다. 하지만 군색한 변명을 붙이는 것을 잊지 않았다. '설문 지면이 한정돼 두 가지 질문을 하나로 묶다 보니 생긴 문제'라는 것이다."

이러한 교총의 해명이 적절하지 않았다고 본다. 좀 더 신중한 해명이 필요했다.

물론 그럴 수도 있다. 그러나 그런 식의 해명은 도리어 꼬리를 잡힐 가능성이 높다. 설문 문항에 문제는 있었지만, '편파적이다.'라는 표현까지 사용할 필요가 있었느냐 하는 것이다. 지면 문제가 아니고 두 가지의 질문을 묶었기 때문이지만, 다른 형태로 문항을 바꿔도 결과는 마찬가지일 것을 강조했어야 옳다고 본다.

수업 평가만을 한다고 하는데 수 차례 지적하건만, 우리나라 교원은 수업만 열심히 할 수 있는 여건에서 학생들을 지도하고 있지 못하다. 따라서 수업 평가를 하려고 한다면 법정 수업시수 확보 및 법정 교원 수 확보, 잡무가 없는 학교가 되었을 때만 가능한 것이다. 다른 업무에 더 매달리는 시점에서 수업을 평가한다는 것은 교원에게 또 다른 부담감만 가중 시킬 뿐 아니라 능력 있는 교원이 불이익을 받을 수도 있기 때문이다.

검증되지 않은 내용을 언론에서 문제 삼아 꼬집는 것도 문제지만, 교사들을 '철밥통'에 비유하는 것은 더더욱 옳지 않다. 자신들의 이익을 위해 활동하고 노력하는 곳이 어디 교원단체뿐인가? 왜 교원들만 가지고 이러쿵 저러쿵 하는지 이해가 안간다. 왜 교원들만 철밥통이라고 하는가?

다른 부분에서도 이미 동료평가 등의 다면평가제 시행의 문제가 속속 드러나고 있는데, 왜 교원평가는 자꾸 도입하려 하는지 이해할 수 없다. 여건 성숙이 되지 않은 시점에서 교원 평가의 도입은 결코 교육 발전에 도움이 되지 않을 것이다. 여건 성숙을 외치는 교원들의 목소리를 귀담아듣고 지금이라도 교원 평가 제도는 재고 되어야 한다.

〈칼럼〉　　　　　　　　　　　　　이창희 서울 강현중학교 등록 2005.3.30 00:00:00

주5일 수업제 무엇을 개선해야 하나

주5일 근무제의 도입 효과는 "여가 · 취미 시간의 증가로 인한 삶의 질 향상, 직장 중심 문화에서 가족 중심 여가문화로의 변화를 꾀하는 것"이다. 주 5일 수업제의 기대효과 역시 주5일 근무제의 경우와 별반 차이는 없을 것이다.

이러한 기대 속에 올해부터 전국의 초 · 중 · 고등학교에서 월 1회 주 5일 수업제를 실시하기 시작하였다. 그동안 주 5일 수업제의 확대 실시 시기를 놓고 많은 검토가 이루어졌지만, 올해 이후의 계획에 대해서는 아직 구체화된 것이 없다. 그렇더라도 지난달 26일에 우리나라 교육의 역사상 처음으로 주 5일 수업제에 따른 토요휴업을 실시했다는 것은 매우 의미 있는 일이라 하겠다.

그러나, 단 한 번 이었지만, 토요휴업일을 경험한 교사와 학생, 학부모들은 마냥 즐겁지만은 않은 눈치이다. 교사들은 이미 주중으로 수업을 앞당겨서 실시하여 수업결손 없이 모든 수업시수를 다 채운 상태였으나, 학교별로 10% 내지는 15%의 교원들이 출근하여 학생들을 지도해야 했다. 학생들은 작년에 없던 주중 7교시 수업의 고통스러움을 이겨내야 했고, 학부모는 체험학습 보고서 등의 과제를 챙겨주기에 더 바쁜 하루를 보냈다.

물론 이러한 평가가 나오는 것은 제도 시행 초기에 나타나는 일시적인 문제로 보는 관점이 좀 더 타당하다 할 것이다. 그렇다 하더라도, 현재의 주 5일 수업제가 이대로 확대실시 되어서는 곤란하다는 것에는 공감대가 형성되는 분위기이다. 주 5일 수업제가 확대되기 이전에 개선되어야 할 것이 여러 가지이지만, 그중 두세 가지만 짚어 보고자 한다.

첫째는 꼭 토요일에 학생들을 자유 등교라는 명목으로 등교시켜야 하느냐의 문제이다. 교육부에서는 학교의 특수성을 들어 "학생들이 있는 곳에는 반드시 교사가 있어야 한다"라는 논리를 통해 교원들에게 출근을 권하고 있다. 물론, 옳은 말이다. 문제는 토요휴업일 실시일에 등교 신청을 하는 학생들이 많지 않다는 것이다. 학생들이 있는 곳에는 교사가 있어야 하겠지만, 그렇지 않은 학교에까지 교사가 있어야 하는 것은 효율적이지 못하다. 앞으로 횟수가 거듭될수록 이런 현상은 더 심화될 것으로 보인다.

대안으로는 사이버 가정학습프로그램 구현을 통해 교사들이 학습자료를 직접 개발·강의하여 홈페이지에 올리는 방안 등이 있을 수 있다. 이렇게 된다면 학생들이 굳이 학교에 나오지 않더라도 소기의 학습효과를 거둘 수 있기 때문이다.

둘째는, 휴업일의 활동프로그램이 꼭 학생이 속한 학교 내에서만 이루어져야 하느냐의 문제이다. 학교에서 다양한 프로그램을 준비한다고는 하지만, 현재의 그것은 평소의 계발활동 수준을 벗어나기 어려운 것이 현실이다.

이들 프로그램의 수준을 높이기 위해서는 각 지역의 자치단체에서 운영 중인 각종 문화 교실 및 취미 교실 등과 연계시키거나, 아니면 몇 개의 학교를 하나의 권역으로 묶은 다음 그중에서 1~2개 학교에 다양한 프로그램을 집중적으로 개설하는 것도 좋은 방안이 될 것이다. 즉, 학교를 그 지역의 문화 센터화하여 학생들이 원하는 대로 참여할 수 있도록 하자는 것이다. 인력의 활용 측면에서도 효율적인 방안이라고 보겠다.

셋째, 일반 국민들에게 학교에서의 주 5일 수업제 실시는 일반 기업체나 공공기관의 주5일 근무제와는 성격이 전혀 다르다는 것을 인식하도록 해야 할 필요가 있다. 여타의 기업체나 공공기관처럼 단순하게 토요일에 근무를 하지 않으므로, 교사들도 근무 시간이 줄어들 것으로 인식하고 있지만, 실제는 그렇지 않다. 이미 다른 요일에 토요휴업일의 수업을 모두 다 했다. 실 수업시수는 단 1%도 줄지 않았다. 이것이 도리어 업무의 가중을 가져오는 결과를 낳았다. 6일에 처리할 업무를 5일에 처리해야 하지만, 주중에는 늘어난 수업시수 때문에 처리할 시간이 도리어 줄었기 때문이다. 이것이 다른 분야의 주5일 근무제와 같이 생각해서는 안 되는 이유이다.

그밖에 주중 수업시수의 과다에서 오는 교원의 업무 가중, 휴업일이 되어도 정말로 갈 곳이 없는 나 홀로 학생들, 학생들의 학력 저하 등, 이러한 것들 역시 우선 해결해야 할 시급한 문제이다.

좀 더 확대 실시된 후에 처방을 내리기보다 지금이라도 좀 더 깊이 있고 심도 있는 검토와 논의를 통해 현재까지 나타난 문제점을 해결하기 위한 지혜를 짜낼 때, 주 5일 수업제의 앞날은 밝다고 하겠다.

〈칼럼〉　　　　　　　　　이창희 서울 강현중학교　등록 2005.04.02 09:27:00

촌지가 문제인가, 언론이 문제인가

어제, 오늘 세상을 떠들썩하게 했던 "촌지 당연" 글의 진위가 대략은 밝혀진 듯하다. 교사라면 누구나 그 글에 당혹감을 감추지 못했을 것이다. "어찌 저렇게 뻔뻔스럽게 이야기할 수 있을까"라는 생각을 했을 것이다.

그 내용에 대하여 언급하고 싶은 마음은 없다. 그리고 그 글을 올린 사람이 왜 그랬는지 따지고 싶지도 않다. 다만 그 글은 작성자의 개인적인 의견이고 생각이었을 것이라고 보고 싶을 뿐이다.

어제는 방송매체에서도 촌지 관련 기사를 내보냈다. 촌지를 받는 장면을 몰래 촬영하여 그 사실을 당사자에게 알려, 궁색한 변명을 늘어놓도록 한 것이었다. 이로 인하여 교육청에서는 특별감사를 한다는 내용은 오늘(4월1일) 방송된 내용이다.

공교육 붕괴, 학력 저하, 학교폭력 등 교육계의 문제가 드러날 때마다 그 책임을 누구에게 돌렸는가? 그로 인하여 견디기 힘든 고통을 감내해야 하는 것이 바로 교사들이었다. 책임이 있든 없든 교육계 관련 문제가 터질 때마다 교사들은 머리를 숙이고 자성을 해오곤 했다.

이번의 촌지 관련 문제도 마찬가지이다. 새 학기가 시작된 지 한 달여가 지날 무렵에 발생한 것이다. 그런데 그것이 올해만이 아니라는 것이 문제이다. 작년도 그랬고, 재작년도 그랬었다는 것이다. 매년 학기 초가 되면 단골로 등장하는 것이 바로 촌지 문제였던 것이다.

또 5월의 스승의 날이 다가오면 촌지 문제는 또 한 번 관심거리가 될 것이다. 관심거리가 된다는 의미는 그때쯤 되면 언론에서 슬그머니 촌지 문제를 들고나오라는 것이다. 스승의 날이 다가오는 것이 싫어지는 이유이다. 교사의 대부분이 스승의 날을 없앴으면 좋겠다고 하는 이유 중의 하나도 바로 이 문제이다.

요즈음에 촌지를 받는 교사가 과연 얼마나 될까. 아직도 촌지 문제를 자꾸 부각시키는 언론의 행태는 옳지 않다고 본다. 자꾸 이슈화시키려는 의도가 궁금하다. 그런 문제가 나올 때마다 교사와 교육계를 엄청난 충격에 빠뜨리고 있다.

언론의 힘은 실로 상상이 가지 않을 정도로 강하다. 옳고 그름을 떠나 일단 언론에 보도가 되고 나면, 그것은 돌이킬 수 없는 일이 되는 것이다. 이번의 촌지 문제도 인터넷이라는 불특정 다수인이 볼 수 있는 특성을 감안할 때, 사실이 아님이 판명되었어도 그 내용에 대한 강한 인상이 글을 읽는 사람에게 남아있게 마련이다. 사실이 아니라는 것에 대한 인상은 그리 깊지 못하다는 것이다.

이제는 모든 여건 들이 변하고 있다. 교사는 교사대로 자성해야 할 것이며, 언론도 본연의 자세로 돌아가야 한다. 단순하게 관심을 끌고 흥미를 갖도록 하기 위한 보도는 삼가 해야 할 것이다.

더 중요한 것은 일부를 전부로 몰아붙이는 일은 절대 없어야 할 것이다. 일부를 전부로 둔갑시키는 역할을 하는 언론의 태도는 옳지 않다. 일부는 일부일 뿐이기 때문이다.

〈칼럼〉　　　　　　　　　　　　　　이창희 서울강현중학교　등록 2005.04.03 21:03:00

학교급식의 또 다른 문제

현재 우리나라 초·중·고등학교의 거의 모든 학교가 학교 급식을 실시하고 있다. 학교 급식은 국민의 정부가 출범하면서 선거공약실천의 일환으로 추진하여 현재와 같이 거의 모든 학교에서 실시하게 된 것이다.

그러나, 급식을 확대 실시하면서 적잖은 문제점을 야기시킨 것이 사실이다. 특히 학교 급식의 위생 상태는 수십 번, 수백 번 지적하여도 부족함이 없다. 그만큼 그동안 급식 위생을 둘러싸고 많은 문제가 발생해 온 것이 사실이다.

최근에는 당국의 지도·감독이 철저해지면서 위생적인 문제는 많이 줄어들었다. 물론, 아직도 일부에서는 위생관리를 철저히 하지 않고 비위생적인 급식을 실시하는 경우도 있는 것으로 보인다.

급식이 확대되면서 일선 학교에서는 위생 문제뿐 아니라 급식을 실시할 수 있는 장소를 제때 확보하지 못하여 어려움을 겪었다. 지금은 사정이 좀 나아지긴 했지만, 아직도 급식 장소와 관련하여 어려움을 겪고 있는 학교들이 많다.

식당을 확보하여 조리와 배식, 식사가 한곳에서 이루어지는 학교도 있지만, 조리와 배식 및 식사 장소가 서로 다른 학교들도 많다. 이들 학교에서는 조리된 음식을 각 교실로 배달하여 학생 위주로 배식을 실시하고 있다.

그러다 보니 위생적인 문제는 물론, 교실의 청결 문제까지 발생하게 된다. 그래도 초등학교의 경우는 담임교사가 교실에서 식사를 함께할 수 있으나, 중학교 이상에서는 담임교사가 함께 식사를 할 기회가 그리 흔치 않다. 수업 시간이 다르기 때문이다. 물론, 영양사나 교사들이 순회 지도를 하지만, 인력 부족으로 철저한 지도는 이루어지고 있지 않은 실정이다.

학생들끼리 배식하고 식사를 하는 경우가 많다 보니, 교실 청결은 물론, 위생적인 문제가 발생할 가능성이 높은 것이다. 심한 경우 조리를 학교 밖에서 해오는 경우도 있다는 것이다. 학생들이 먹는 음식은 항상 청결하고 위생적이어야 한다.

학생들에게 급식으로 인한 문제가 발생하면 순전히 어른들이 책임을 져야 한다. 학생들을 위해 편안히 식사할 수 있는 장소를 마련하는 일에 당국이 발 벗고 나설 때가 아닌가 싶다. 문제가 발생한 후에 손을 쓰기에는 너무 어렵기 때문이다.

〈칼럼〉   이창희 서울 강현중학교 등록 2005.04.07 20:35:00

2월 스승의 날, 누가 원하는데….

최근 인터넷에 올라온 촌지 관련한 글이 교직계에 충격을 던져 주었었다. 대부분의 교사들은 "또 촌지 문제가 불거진 모양이다."라고 대수롭지 않게 넘기려고도 했다. 속이 타고 거북스러워도 그냥 참고 지나간 것이다.

그런데, 이와 관련하여 스승의 날을 5월에서 2월로 옮겨야 한다는 의견을 내놓은 기사가 있었다. 촌지 문제가 5월의 스승의 날이 다가오면 또다시 기승을 부릴 것이라는 것이다. 그래서 이것을 사전에 막기 위해 스승의 날을 2월로 옮기면 교사, 학부모 모두가 부담이 없을 것이라는 것이다.

이것도 안 될 말이다. 스승의 날을 옮긴다고 모든 문제가 해결된다는 보장이 없다. 또한, 그동안 촌지 관련의 문제를 스스로 용인하는 꼴이 되기 때문이다. 대부분의 학교가 촌지 문제로 몸살을 겪는 것이 아니고 대도시의 일부 학교가 대상이라고 보면, 나머지의 학교(농어촌이나 기타 시골)는 스승의 날을 옮겨야 할 이유가 더욱 없는 것이다. 일부 때문에 나머지가 함께 피해를 보아야 한다는 것은 있을 수 없는 일이다.

교사들의 바람은 그것이 아니다. 언론의 부풀리기식 보도 행태, 촌지 문제가 나오면 너도나도 사실확인이 안된, 즉 들은 이야기를 실제인 양 이야기하는 일반인들의 태도 등이 더 큰 문제라고 보고 있는 것이다. 차라리 스승의 날을 없애자는 것이 교사들의 바람일 것이다.

물론, 스승의 날을 없앤다고 문제가 해결되지는 않는다. 다만, 현재와 같이 교사들을 범죄자 취급하는 주변 환경에서 벗어날 수 있는 방안이 스승의 날을 없애는 것이라고 본다. 스승의 날이 문제가 되면 스승의 날을 어떻게 해야 하는 것은 당연하다. 5월에서 2월로 옮긴다고 문제가 해결될 것으로 보지는 않는다.

교사와 학부모의 의식 개혁이 더 필요한 시점이 아닐까 싶다.

〈칼럼〉　　　　　　　　　　이창희 서울 강현중학교 등록 2005.04.08 17:43:00

일기장 검사는 비교육적?

최근 이틀 동안 교육뉴스 중 관심을 끄는 것이 두 가지 정도 있었다. 첫째는 초등학생의 일기장 검사는 인권침해라는 기사와, 초·중·고교생을 대상으로 한 서울시 내 과외 학원들의 심야 교습을 금지한 서울시 조례가 상위 법률에 근거가 없어 무효라는 법원 판결과 관련된 기사였다.

이중, 국가인권위원회가 7일 "초등학교의 일기장 검사 관행은 아동의 사생활과 양심의 자유를 침해할 소지가 크다."라며 교육인적자원부에 개선 의견을 표명해 일기 검사의 교육적 효과를 두고 논란이 일고 있다는 기사에 주목이 된다.

일기장 검사를 '인권침해의 소지가 있으므로, 개선해야 한다.'라는 것은 차제에 일기장 검사는 하지 말라는 뜻과 같다. 일기를 쓰도록 하기 위해 일선 교사들이 일기장 검사를 하고 있다. 일기를 쓰게 함으로써, 얻어지는 교육적 효과는 두말할 필요가 없다. 교육적 효과를 얻기 위한 방법은 일기장이 아니어도 가능하다는 것이 국가인권위원회의 의견인 모양이다.

물론, 다른 방법도 있고, 꼭 일기를 써야 효과가 있느냐에 대한 물음에 부정하고 싶지는 않다.

다만, 일기장을 검열이 아닌 단순한 검사 차원으로 받아들여야 한다는 것이다. 단순하게 검사를 하고 안하고는 교사의 권한이지 인권 차원의 문제는 아니라고 본다. 만일 그것이 문제가 된다면 학부모가 학생들에게 하는 모든 행위도 인권 차원의 문제로 넘겨야 하는 것이 아닌가 싶다. 학교에서 일어나는 모든 일을 기록한 생활통지표도 부모가 보아서는 안 된다는 것과 별로 다를 바가 없다.

물론, 논리가 좀 비약되긴 했지만, 학생의 일기장을 검사하지 않아서 인권이 보호되는 것과 글쓰기 등의 교육적 효과를 얻기 위한 검사 행위 중 어느 것이 더 비중이 큰지 꼼꼼히 따져보아야 할 문제이다.

학생들이 일기에 교사가 보아서는 안되는, 부모가 보아서도 안 되는 내용을 쓰지는 않는다. 그렇다면 교육적 효과의 극대화를 위한 일기장 검사가 인권침해의 문제에 가리는 일은 없어야 한다고 본다.

〈칼럼〉　　　　　　　　　　이창희 서울 강현중학교　등록 2005.04.09 11:29:00

교장은 아무나 하나?

최근 김진표 부총리가 한 언론과의 인터뷰에서 공모형 초빙교장제를 확대 실시하고 교사 자격이 없어도 교장이 될 수 있도록 하겠다고 한 발언이 논란이 되고 있다. 뭔가 개혁을 시도하려는 의도로 보인다.

교장 자격이 없이 교장이 될 수 있도록 한다는 공모형 초빙교장제도 문제가 심각한데, 한 발 더 나가서 교사 자격이 없어도 교장이 될 수 있다는 것은 어떤 의도인지 이해할 수 없다.

이미 수년 전에 교사 자격 없는 일반직 출신들이 교장으로 임용되어 학교 현장을 혼란에 빠뜨린 적이 있다. 학교의 현실을 정확히 이해하지 못한 데서 오는 문제였었다. 학교가 제 기능을 발휘할 수 없었다.

교사 자격이 없는 사람이 교장을 한다는 것, 그것은 의사 자격이 없어도 환자를 돌 볼 수 있고, 면허증이 없어도 자동차를 운전할 수 있는 것과 다를 바가 없다는 생각이다. 물론, 논리가 비약된 면이 없지 않아 있지만, 교사 자격 없는 사람이 교장을 할 수 있다는 것은 있을 수 없는 일임에 틀림없다.

교원은 전문직이다. 전문적인 자질을 갖추지 못한 사람이 교장을 한다는 전문적인 식견을 갖춘 인재를 요구하는 현대 사회의 특성에도 반하는 것이다.

이런 식으로 이루어지는 개혁은 절대로 개혁이라고 할 수 없다. 교장 임용을 위해 좀 더 전문성을 검증해야 하는 시점에서 무자격자의 교장 임용 가능성은 철회되어야 옳다고 본다. 아니 더 이상 관심의 대상이 되어서는 안된다.

안되는 이유는 확실하다. 교장은 아무나 할 수 없기 때문에….

⟨칼럼⟩　　　　　　　　　　　이창희 서울 강현중학교 등록 2005.04.17 08:30:00

과연 교육적 가치있는 행사들인가?

　요즈음 학교에는 각종 포스터, 글짓기, 표어 등을 제작하는 각종 행사들이 홍수를 이루고 있다. 이들 행사는 학교 자체 계획에 의해 진행되는 경우도 있고, 상부기관(시·도 교육청 또는 각 시·도)의 공문에 의해 진행되기도 한다.

　4월 초에 이미 과학의 달 행사의 일환으로 과학 포스터 그리기, 과학 상상화 그리기를 전국의 거의 모든 학교에서 실시했을 것이다. 최근에는 민족공동체 함양을 위한 포스터, 산문, 운문 등을 쓰도록 하는 행사가 진행되고 있다.

　그밖에 금연 포스터, 학교폭력 예방에 관한 포스터, 정보 통신 윤리에 관한 포스터 등, 학생들을 상대로 하는 각종 행사들이 1년 내내 이어진다.

　물론, 학생들의 의식 고취와 교육적인 효과를 동시에 부여하는 효과는 분명히 있다. 그러나, 그 종류와 양이 필요 이상으로 많다는 데에 있다. 이런 사정 때문에 학생들이 스스로 그림을 그리고 글을 쓰도록 하는 풍토 조성이 되지 않는다.

　학생들이 하는 것이 그것뿐이 아니다. 학생들은 수시로 부과되는 수행평가 관련 과제, 실기 고사를 치르는 과목의 시험 준비 등으로 어려움을 겪고 있는 것이 우리나라 학생들의 현실이다.

　교육적 효과를 위해 실시하는 각종 행사들이 도리어 교육적 효과를 떨어뜨리지는 않을까 우려가 된다. 물론, 교육적인 가치를 위하는 것은 중요하고 필요하다. 그러나 과도한 행사의 진행으로 역효과가 나타나지 않을까 싶다.

〈칼럼〉　　　　　　　　　　이창희 서울 강현중학교　등록 2005.04.18 18:09:00

성적 비리 정말 뿌리 뽑혀야 한다.

최근 들어 성적 비리 관련 보도가 심심찮게 나오고 있다. 이미 서울의 일부 고등학교에서 성적 비리로 교사가 연루되어 관계 당국의 조사를 받고 처벌도 받은 것으로 알려졌다. 이와 관련하여 급기야는 지난 3월 초에 교육부에서 '학업성적 관리 종합대책'을 발표하기에 까지 이르렀다.

그로부터 한 달여가 지난 4월15일, 13일에 치른 중학교 영어 듣기 평가 답안지가 사전에 유출되는 사건이 대전에서 일어났다. 고등학교에서 주로 발생하던 성적 관련 비리 사건이 중학교에서도 발생한 것이다.

그것도 정규 교사가 아닌 기간제 교사에 의해 저질러졌다는 것이 충격을 더해 주고 있다. 최근의 각종 교사 관련 사건들이 교사들의 신뢰를 떨어뜨리고 있는데, 이번 사건으로 인해 교사들의 신뢰가 바닥으로 떨어지지 않을까 우려스럽다.

이미, 일선 학교에서는 성적 비리를 뿌리뽑기 위한 특단의 노력이 이어지고 있다. 일단, 교내 시험의 투명성을 확보하기 위해 시험 방법을 변경하기 위한 노력이 이어지고 있다. 시차제 등교, 학년별 분반, 학부모 명예 교사 활용, 감독교사 증원 등이 바로 그것들이다.

이 중에는 현실성이 떨어지는 부분도 있지만, 다소간은 현실적인 방안들도 있다. 가령 학년별 분반 고사나 학부모 명예 교사 활용 등은 충분히 실효성이 있는 방안들이다.

문제는 이런 방안들이 시험을 공정하게 치르기 위한 방안일 뿐이지, 교사와 학부모가 조직적으로 결탁하여 내신성적을 조작하는 것을 막기에는 역부족에 있다는 것이다. 대전의 영어 듣기 평가 답안지 유출을 '이런 식의 시험 방법을 통해서 방지가 가능하느냐'이다.

결국은 교사와 학부모의 의식 전환이 요구된다고 할 것이다. 그렇게 되기 전에는 아무리 많은 방법을 동원해도 성적 비리로 얼룩지는 교단을 깨끗이 할 수 없을 것으로 우려된다.

따라서 이러한 것들을 예방하기 위해서는 대책 마련도 중요하지만, 학부모와 교사를 상대로 한 다양한 연수가 필요하다. 의식의 전환을 통한 자연스러운 해결책을 찾기 위한 연수를 하자는 것이다.

인위적인 대책만을 고집하지 말고 좀 더 적극적이고 효과적인 대책 마련이 필요하다 하겠다.

⟨칼럼⟩　　　　　　　　　　이창희 서울 강현중학교 등록 2005.04.20 15:50:00

적발이 최선의 방법인가?

최근 서울시교육청에서 '촌지 수수, 불법 찬조금 모금 등 교육 분야의 각종 부조리 근절'을 목표로 시내 초·중·고에 대해 특별 감찰을 실시했다. 명목은 교육 분야의 각종 부조리 근절이었지만, 내면에는 촌지 수수 교사를 적발하기 위한 감찰이었다는 것이 일선 교사들의 중론이다. 더 이상 촌지 문제를 거론하기 싫지만, 적발을 위한 특감은 옳지 않았기에 몇 마디 하고자 한다.

이번 특감에서는 시교육청의 여직원을 학부모로 가장하여 촌지수수 교사를 적발하기도 했다고 한다. 촌지 수수 교사 적발을 위해 다양한 방법을 동원한 것이다. 다소간의 성과도 거둔 것으로 보인다. 적발된 교사들에게는 중징계하겠다고 한다.

문제는 이러한 부조리 근절 차원에서 실시한 특감이 적발 위주로 이루어졌다는 것이다. 즉, 적발을 하여 교사들에게 경각심을 준 것은 어느 정도 효과가 있었다고는 하지만, 그래도 적발보다는 사전 교육을 통하여 교사들의 의식개선을 우선시 했어야 했다. 적발 과정에 있어서 요즈음 같이 인권이 중시되는 시대에 교사들에게 조금이라도 인권침해까지는 아니더라도 돌이킬 수 없는 상처를 주지는 않았는지 돌아봐야 할 것이다.

또한, 학부모에게도 사전에 충분한 홍보를 통하여 촌지를 주지도 받지도 않는 풍토를 조성했어야 했다. 무조건적인 적발 위주의 특감은 옳지 않은 방법이라는 것이 일선 교사들의 중론인 점을 감안 하면 좀 더 시간을 가지고 대처했어야 했다는 생각이다.

언론에서 들고나오니까 갑작스런 특감을 실시 했다는 의혹을 지울 수 없다. 스승의 날이 임박해지면 이 문제가 또 불거질 가능성이 높다. 그나마 스승의 날이 올해는 일요일인 것이 다행이라면 다행이라 하겠다.

촌지를 수수하는 교사는 어떤 이유로도 용납되어서는 안된다. 촌지 수수를 옹호하는 것은 더더욱 아니다. 다만, 전문직에 종사하는 교사들이기에 스스로 판단하여 대처할 수 있는 기회를 더 많이 주라는 것이다. 적발만이 최선의 방법은 아닐 것이다. 학교에서 학생들 교육에도 적발보다는 사전 예방을 강조하는 것이 현재의 교육이 아닌가.

적발 전에 예방할 수 있는 방안을 찾는 지혜를 발휘해야 할 때가 아닌가 싶다.

〈칼럼〉   이창희 서울 강현중학교 등록 2005.04.22 08:21:00

수행평가에 파묻힌 아이들….

대부분의 중·고등학교가 대략 4월 말에서 5월 초까지 중간고사 계획이 잡혀있을 것이다. 학교의 행사 일정에 따라 약간씩의 차이는 있을 수 있지만, 대체로 학기당 2회의 고사를 실시한다고 하면 대략 이 시기에 실시될 것이다.

현재 학교에서는 중간고사를 앞두고 수행평가가 한창이다. 과목별로 대략 30% 이상의 수행평가가 반영되고 있는데, 중간고사에서 반영될 수행평가가 한창 진행되고 있는 시기가 바로 요즈음이기 때문이다.

평가에 있어서 일제히 실시하는 식의 평가를 지양하고 평소 평가를 강화하여 평가의 객관성을 높이기 위한 것이 수행평가이다. 이미 수행평가제도는 평가에서 완전하게 한 자리를 잡은 것도 사실이다.

문제는 평소 평가라는 취지에 어긋나는 일이 발생하고 있다는 데에 있다. 즉, 정규 고사를 앞두고 집중적으로 수행평가가 실시되고 있기 때문에 학생들이 엄청난 부담을 안고 있는 것이다.

시험을 앞두고는 교과 시험공부에 매달리는 것이 일반적인 현상이나 여러 과목에 걸쳐 실시되는 수행평가로 인해 부담이 가중되는 것이다. 학생들 역시 "평소에 이루어지는 수행평가 과제보다는 시험을 앞두고 부여되는 수행평가 과제가 훨씬 더 많다. 그렇기 때문에 학생들 대부분이 수행평가와 정규 고사의 부담을 엄청나게 느끼고 있다."라고 불만을 토로하고 있다.

더구나 짧은 시간안에 평가를 해야 하기 때문에, 과제로 부여하는 경우가 많은데, 이런 과제 부여는 학생 본인이 완성했다고 보기 어렵기 때문에 객관성과 공정성의 문제도 대두된다.

수행평가 과목을 확대해 시행하고 반영 비율을 높이다 보니, 이런 현상이 발생하게 된 것이다. 물론, 과목에 따라서는 수행평가만으로 100% 정규고사 성적에 반영하는 경우도 있기는 하다. 그렇지만, 대체로 수행평가와 지필평가를 함께 실시하는 과목이 더 많다.

시험을 앞두고 이루어지는 수행평가보다는 평소에 미리 평가를 하도록 할 때 학생들의 부담감이 줄어짐은 물론, 객관성 있는 평가가 가능할 것이다. 수행평가에 대한 개선이 요구되는 시점이 아닌가 싶다.

〈현장소식〉　　　　이창희 서울 강현중학교 등록 2005.04.24 09:58:00

진짜 대의원이 되는 길

4월22일, 한국교총회관 대강당에는 우렁찬 함성이 울렸다. "정부는 일방적 교원 평가제 추진을 중단하고 학교 현장과 교원의 합의에 의한 자율적 실시와 이를 통한 수업의 질 제고가 가능하도록 지원하는 역할을 수행하라."

전국의 대의원들이 한자리에 모여서 한마음으로 결의문을 채택하는 함성 소리다. 학교 수업과 각종 업무에 바쁜 교원들이 모여서 이나라 교육 발전에 일조하고, 한국 교총의 밝은 미래를 위해 모인 자리였다.

이날의 82차 임시대의원회에 참석한 대의원들은 한결같이 "교육의 문제가 마치 교원들의 자질 부족에서 오는 문제로 치부하는 정부의 잘못된 인식이 공교육 정상화에 더 큰 걸림돌이 되고 있다."라고 입을 모았다. 물론, 교원들의 잘못이 전혀 없다는 것은 아니다. 다만, 좀 더 다각적인 방안을 연구할 생각은 하지 않고, 일방적인 교원 평가를 하기 위한 분위기로 몰아가는 것이 문제라는 것이다.

이날의 대의원회에는 전국의 모든 대의원이 참석해야 한다. 전국의 대의원이라야 300여명 정도인데, 대의원회에 참석하는 숫자는 200여명 내·외이다. 물론, 피치 못할 사정이 있는 경우도 있을 것이다. 그러나, 한국교총의 대표격인 대의원회에 불참하는 것은 일종의 "직무유기(職務遺棄)"에 해당하는 것으로도 볼 수 있다.

1년에 1~2회 정도의 대의원회는 한국교총의 위상을 높이고 각종 사업을 보고하고 심의하는 매우 중요한 역할을 하고 있다. 이 역할을 하는 기구에 대표로 참여하는 것이 대의원들이다. 사명감을 가지고 참여해야 옳다고 본다.

또한, 참여한 대의원도 끝까지 자리를 함께하는 마음가짐이 중요하다. 처음에는 제법 많은 인원이 모여 대의원회의 열기가 느껴지는데, 마지막에 가면 그 열기가 시들해지는 느낌이 들기도 한다. 막대한 예산을 들여서 실시하는 대의원회, 여기에 참석하는 것은 기본적으로 중요한 사항이고, 참여한 대의원들은 끝까지 자리를 지키는 신념이 필요하다 할 것이다.

〈칼럼〉 이창희 서울 강현중학교 등록 2005.04.26 16:37:00

주5일제 수업의 조속한 정착을 위해

지난달 26일에 있었던 주5일제 시행에 따른 토요 휴업일에는 언론은 물론 국민들의 관심이 대단했었다. 그러던 것이 이번 달에는 일반인들은 토요휴업을 했는지조차 잘 알 수 없을 정도로 조용히 지나갔다.

그래도 제주도에서는 토요 휴업일에 등교하는 학생들이 많았다는 보도를 접하면서 "주 5일 수업제가 정착하기까지는 많은 시간이 필요하구나."라는 생각을 해 보았다. 어떤 연유인지는 몰라도 대부분의 학교에서는 지난달보다 등교 학생들이 약간 늘었다는 후문이다.

이제 주5일제 수업의 정착을 위해 우리 모두 나서야 할 때다. 특히, 학교와 학부모가 해야 할 일들이 너무 많은 것 같다. 많은 학교들이 휴업했지만, 고등학교 3학년을 중심으로 토요 휴업일에 등교를 한 학교들이 꽤 있는 것으로 알려졌다. 일선 고등학교의 3학년 담임선생님들의 이야기를 빌리자면 그렇다는 이야기이다.

학부모의 요구에 의해 그런 경우도 있었지만, 고 3은 학교에서 자발적으로 등교를 시킨 경우도 있었던 모양이다. 아직도 우리나라 교육 현실에서 고3의 중요성이 그만큼 크다는 반증이라 할 것이다. 이러한 현상들은 학교의 노력뿐 아니라, 학부모의 적극적인 협조가 필요한 사항이다. 즉, 학교에 보내야 공부를 할 수 있으며, 그래야 마음이 놓인다는 식의 사고는 좀 더 변화되어야 한다고 본다.

또한 일부 중학교에서는 휴업일에 과제를 부여했다고 한다. 특히, 작년에 주5일 수업제 우선 시행학교들에서 실시하던 체험학습을 학생들에게 강요하지 않았나 싶다. 중간고사를 앞두고 특정 과목에서는 수행평가 점수에 반영하는 경우도 있었다는 것이다.

물론, 학교 실정에 따라 다양한 활동을 하는 것은 당연하다. 그러나, 학생들의 자발적 참여가 아닌, 타의적인 방법으로 토요 휴업일에 학생들에게 부담을 주는 것은 바람직하지 않다는 생각이다.

마지막으로 중요한 것 하나만 더 지적하고자 한다. 일선 학교에서 교사들이 조 편성을 하여 대략 10~15%만이 출근을 하다 보니, 이미 만들어진 프로그램이 잘 운영되지 못하는 경우가 있다. 그 이유는 프로그램을 만든 교사와 운영하는 교사가 다르기 때문이다. 단 한 명의 학생의 등교하더라도 효율적인 프로그램 운영이 되도록 만든 교사와 운영하는 교사의 사전 조율이 필요하다 할 것이다.

이제 걸음마를 시작한 주 5일 수업제, 교사와 학부모, 학생들이 함께 노력할 때 조기 정착이 가능할 것이다.

〈칼럼〉　　　　　　　　　이창희 서울 강현중학교　등록 2005.04.30 09:00:00

KBS의 학생두발 자율운동관련 기사를 보고

학생 두발 자율화 문제가 또다시 수면 위로 떠오르고 있다. 29일 저녁 KBS 2TV의 뉴스 투데이 시간에 학생들의 두발 자율화 운동 관련 보도가 나갔다.

두발 자율화를 외치고 있는 학생들의 운동 모습과 함께 민주노동당 청소년위원회의 입장도 함께 보도되었다. 두발 및 각종 규제가 학생들의 학업과 청소년의 발달, 그리고 학교 교육에 별다른 도움이 되지 않는다는 것이 주요 내용이었다.

사실, 두발 자율화 문제는 이미 여러 차례 이슈화되었었다. 머리 규제가 일제강점기의 잔재가 그대로 이어져 내려온다는 것이 도발 자율화의 가장 큰 이유가 되었었던 것이다. 과거의 교복을 착용하던 시대에 시작된 것이 그대로 지금까지 내려오는 것이라는 지적도 있었다.

그러나 최근에는 사회 전반에 걸친 민주화 바람과 함께 학교 내에서도 학생들의 인권을 중시하는 분위기가 나타나면서 두발자율화도 함께 검토되어야 한다는 것이다. 학교는 학생들의 공동체 사회이다. 학교에서는 다양한 교육을 통하여 학생들이 성인으로 성장해 가는 길목 역할을 하는 곳이다. 당연히 어느 정도의 규제가 필요하다 할 것이다.

이날 보도 내용 중에 "머리를 짧게 잘라야 공부가 잘 되느냐, 그래야만이 학교폭력이 줄어 드느냐."는 등의 민주노동당 청소년위원회의 운동 내용이 있었다.

그렇다면, 두발 자율화를 하면 공부가 더 잘 된다는 것인가. 두발 자율화를 해야만 학교폭력이 줄어들 수 있다는 것인가를 묻고 싶다. 어느 것도 검증된 것이 없다. 두발을 자율화하는 것이 그렇게 시급한 문제인가? 그렇게 해야만이 학교의 민주화가 이루어지고 학생들의 인권이 보장된다는 이야기인가?

두발 규제 문제를 모든 학생들이 관심을 가지고 있는 것도 아니다. 대부분의 학생들은 현재와 같은 적당한 규제를 잘 따르고 있다. 규제에 불만을 가지고 있는 학생들의 수가 엄청나게 많은 것도 아니다. 그런데도 모든 학생들이 원하는 것처럼 보도를 하는 것은 자칫 두발 규제의 취지가 무색해질 수 있는 것이다.

예전에도 여러 번 이슈화 되었다가 사라진 이유가 무엇일까. 아마도 그것이 현재 학교 교육에서 어느 정도 필요성이 있기 때문에 사라진 것이 아닐까 싶다. 특히, 현재와 같이 대부분의 중·고등학교에서 교복을 착용하고 있는데, 성인이 아닌 청소년층의 학생들이 두발을 자율화하는 것이 바람직한 것은 아니라고 본다.

만일 두발을 전면 자율화하려면 우선적으로 교복을 자율화하는 것이 더 필요하다 하겠다. 사실 교복이 더 큰 문제이다. 일단 전학을 가는 경우 20여만원 정도의 교복을 다시 구입 해야 한다. 전학을 가는 학생들이 많지 않다고 하더라도 부담이 되는 것만은 틀림없는 사실이다.

특히, 이번 보도에서 KBS는 학생들의 일방적 주장만 옹호하는 것 같은 느낌을 받았다. 교사들의 수업 외, 생활지도나 인성 지도의 부담감에 대한 어려움은 보도되지 않았다. 단지, 어느 교사의 인터뷰만을 내보냈는데, 그것도 두발을 심하게 단속하는 것은 교사가 관심이 있기 때문이라는 내용만을 내보냈다. 분명, 그 교사는 더 많은 이야기를 했을 것이다. 그러나, 중요한 부분은 모두 삭제되고 보도에 필요한 부분만 내보냈을 것이다.

현재 학교에서 학생들의 두발 문제를 보도된 것처럼 심하게 단속하는 학교는 그리 많지 않다. 예전에 비해 많이 자율화되었다. 적절한 개선은 필요할 수 있겠지만, 학생 지도 차원에서 전면적인 자율화는 바람직하지 않다. 완전 자율화를 꼭 해야 하는 이유가 무엇인지 다시 한번 생각해 보아야 할 시점이 아닌가 싶다.

〈칼럼〉 이창희 서울 강현중학교 등록 2005.04.30. 09:01:00

일은 고등학교에서, 처리는 중학교도 함께?

요즈음이 각급학교에서 한창 중간고사를 실시하는 시기이다. 특히, 그동안의 성적 비리 관련 사고 이후 첫 번째 시험이라는 점에서 상당한 주의 속에 시험이 치러지고 있다.

사실 성적 관련 비리는 중학교보다는 고등학교에서 심각한 문제를 일으켰다. 물론, 중학교에서도 사건이 있었으나, 고등학교의 경우에 비하면 거의 없는 것이나 마찬가지이다. 또한, 학교에서 1~2명의 교사에 의해 저질러진 것이 성적 비리이지, 그 이상의 경우는 없었다고 하겠다.

그런데, 성적 관련 문제는 고등학교에서 발생하고, 대책을 내세우는 것은 중학교까지 함께 책임져야 하는 것은 옳지 않은 처리방법이라 하겠다. 문제를 일으키고 있는 고등학교만이라도 집중적으로 지도·감독해야만 뿌리를 뽑을 수 있는 것이다. 행정력이 중학교까지 미치게 되면 도리어 고등학교를 소홀히 하는 경우가 생길 수 있기 때문이다.

사실, 이런 경우가 이번만이 아니다. 예전에 교육과정이 시수 체제로 바뀌면서 수업시수를 잘 지키지 않아서 문제가 된 경우가 있었다. 그때도 고등학교에서 수업시수를 제대로 지키지 않아서 문제가 되었었다.

그러나, 그 이후로 중학교를 도리어 더 집중관리를 하는 바람에 중학교는 수업시수를 철저히 지키고 있다. 그러나, 고등학교는 고3 학생들을 중심으로 수능 이후에는 지금도 수업시수가 제대로 지켜지지 않는 경우가 있다고 한다.

문제를 일으킨 것은 고등학교인데, 처리는 중학교도 함께… 뭔가 모순이 있는듯싶다. 이번의 성적 비리 관련하여 시험방법을 다양하게 하는 방안도 중학교에서만 철저히 지켜지는 경우가 재연되지 않을까 염려스럽다.

〈칼럼〉   이창희 서울 강현중학교   등록 2005.05.03. 18:37:00

이건 아닌 것 같은데….

지난주와 이번 주에 서울시내 중·고등학교의 중간고사가 대략 마무리 되고 있을 것이다. 약간의 차이가 있을 수 있지만, 시기적으로 중간고사를 한창 보는 시기라는 이야기이다.

특별한 일도 아닌데, 왜 시험 이야기를 꺼내는 것인지 의아해하는 독자도 있을 것이다. 그러나 서울시내 중·고등학교의 중간고사 형태는 작년과 다른 점이 있다. 그 다른 점은 바로 각급학교의 시험감독 형태가 달라져 있다는 것이다.

학년별 분반(보편적으로 실시되던 것이나, 새롭게 시작한 학교도 있다.), 학부모 명예 교사 활용, 시차제 등교 등이 바로 그것이다. 그동안의 성적 비리 관련하여 떨어진 학교의 신뢰를 회복하기 위한 방안들이다.

그러나, 이렇게 시험감독 형태를 달리하는 것이 각 학교의 자발적인 행동이 대부분 아니라는 것이다. 교육청의 지시에 의한 변화이다. 자발적이지 않은 이유는 그동안 시험감독에 의한 성적 문제가 그리 큰 문제가 되지 않았었기 때문이다.

그런데, 더 큰 문제는 이로 인하여 교사들은 지난해에 비해 훨씬더 어렵게 시험 감독을 하고 있다는 것이다. 담임반의 감독배제는 이미 각 학교에서 보편화되어 있었다. 새로운 것이 아니다. 또한 학년별 분반 고사도 이미 보편적으로 시행되고 있는 형태의 시험이다. 자꾸 새로운 것을 요구하고 있다.

그러나 이러한 방법적인 것보다 교사들의 불만은 다른 곳에 있다. 시험감독을 바꾸려면 결재를 받아야 한다. 결재없이 바꿨다가는 마치 성적 비리를 저지르려 했다는 오해를 받을 수도 있는 것이다.

실제로는 시험 감독교사가 바뀌어도 그 기록은 학교일지에 그대로 기재가 된다. 꼭 결재를 받지 않아도 기록은 남게 되므로 나중에 문제가 발생하면 학교일지의 기록만 대조하면 되는 것이다. 학교일지는 매일 결재를 받도록 되어 있다. 이중으로 결재를 받는 것이다.

또 한 가지는 우리가 잘 아는 바와 같이 성적 비리는 시험감독 잘못에서 비롯된 것이 아니다. 교사, 학부모의 잘못된 성적관에서 비롯된 것이었다. 그런데, 마치 시험감독 때문에 성적 비리가 일어난 것처럼 모든 교사를 감시하는 듯한 시 교육청의 처사는 납득이 되지 않는 것이다.

원인과 해결책을 잘못 짚고 있지는 않은지, 이것은 아닌 것 같다는 생각이 자꾸 든다.

〈칼럼〉　　　　　　　　　　이창희 서울 강현중학교 등록 2005.05.06 09:21:00

학원이 뭐길래

중간고사가 끝난 날 종례 시간, 시험에서 소기의 성과를 거두었다고 생각하는 아이들과 그렇지 못한 아이들의 명암이 극명하게 드러나고 있었다. 그래도 결과에 만족하는 아이들보다는 아쉬움을 토로하는 아이들이 훨씬 더 많았다.

종례를 마쳐갈 무렵 한 여학생의 눈물이 어린 모습이 눈에 들어왔다. 종례가 끝나고 자초지종을 물은 결과 놀라지 않을 수 없었다.

"시험을 잘 못 본 것보다, 학원에 가서 학원 선생님에게 혼날 것이 더 걱정된다. 시험을 못 보면 많이 혼난다."는 것이었다. 주변에 있던 다른 아이들도 정도의 차이는 있지만, 대체로 시험 결과에 따라 학원에서 혼이 나는 일은 흔히 있다는 것이었다.

요즈음에는 학교에서도 시험 결과를 가지고 학생들을 호되게 꾸짖는 일은 거의 없다. 다만 결과에 대한 깊이 있는 상담 활동으로 학생들에게 자신감을 갖도록 하고 있을 뿐이다.

공교육에서도 없는 학생 꾸짖기가 학원가에서 일어나고 있다는 것에 대하여 놀라움을 금치 못할 뿐이다. 정말로 눈에 보이는 성적만을 위해 학생들을 내모는 것이 아닌가 하는 생각이 든다.

물론, 이렇게 된 것에는 당국의 교육정책 부재가 가장 큰 문제가 되겠지만, 학원은 학생들의 성적이 올라야만 살아남을 수 있기 때문에 지나친 꾸중을 하는 것으로 풀이된다. 분명 잘못된 성적 위주의 교육이라 하겠다.

당연히 모든 학원이 다 그렇지는 않을 것이다. 또 모든 학생들에게 다 해당하는 것은 더더욱 아닐 것이다. 그러나 만에 하나라도 이런 현상이 나타난다는 것은 그릇된 성적위주의 교육을 부추기는 역할을 학원이 한다고 밖에 볼 수 없다.

다 아는 이야기이지만, 공부라는 것이 누가 시켜서 억지로 한다고 해서 되는 것이 아니다. 스스로 필요성을 느낄 때 효과적이다. 그러한 것을 깨닫도록 도움을 주는 것이 교사와 학교가 해야 할 일이다.

학원도 눈에 보이는 성적만을 이야기하지 말고 학생들이 스스로 공부할 수 있도록 도움을 주기 위한 노력을 해야 하지 않을까 싶다.

〈칼럼〉 이창희 서울 강현중학교 등록 2005.05.07 08:57:00

또다시 여론몰이 인가?

교육부에서 내놓은 교원평가제에 대하여 교직단체를 중심으로 한 교원들의 반발이 심화되어 가고 있다. 이미 반대 서명운동을 벌이는 등 조직적인 교원평가제 반대운동을 전개할 것으로 보인다.

이러한 상황을 지켜보면서 필자는 지금의 상황이 교원 정년 단축을 단행할 때와 많이 닮아가고 있는 것 같아 씁쓸함이 앞선다. 이미 방침을 정해놓고 공청회를 열겠다고 한 것, 국민이 원한다는 것, 교사들만 반대하고 있다고 밀어붙이는 것, 다른 분야는 다 하는데 왜 교직 사회만 따르지 않는지 모르겠다고 몰아가는 것 등이 모두 닮아가고 있는 것들이다.

거기에 언론이 한몫 부추기는 짓도 정년 단축의 그 때와 꼭 닮은 꼴이다. 교사들이 반발하지만 국민정서상 교원 평가는 꼭 필요하다고 언론에서 부추기고 있는 것이다. 정년 단축 때도 그랬다. 국민정서상 교원만 개혁 대상에서 제외할 수 없다고 하였다.

그렇다면 그때 여론몰이로 정년 단축을 단행해서 도움이 된 것이 무엇이었나 생각해 볼 필요가 있다. 여론을 등에 업고 무리한 정년 단축을 했지만 학생, 학부모, 교사 어느 누구에게도 도움이 되지 않았다.

심각한 교사 부족 현상이 아직도 해결되지 않은 상황이다. 교육의 질은 더 떨어졌다는 느낌이다. 학교에 연령의 균형이 깨진지 오래다. 교육부는 국민 정서만 따지지 말고 교원들의 요구와 그들의 정서를 함께 받아들여야 한다.

그런데도 이번의 교원 평가를 여론몰이식으로 밀고 나가려고 하는 것은 또다시 분명한 오류를 일으킬 것이다. 정년 단축의 후폭풍에서 교훈을 얻어야 할 것이다. 또다시 교육의 질을 곤두박질치도록 해서는 절대 안 된다. 교원 평가제 도입을 전면 백지화해야 한다. 여론몰이식 교육개혁은 절대로 성공할 수 없다.

〈칼럼〉　　　　　　　　　　이창희 서울 강현중학교　등록 2005.05.07 17:22:00

대입제도 개선과 사교육의 상관관계

최근 2008학년도 대입시제도 개선과 관련하여 교육계가 홍역을 앓고 있다. 학생은 학생대로 학부모는 학부모대로 교사는 교사대로 나름의 논리로 시행가·부를 주장하고 있다.

그중에서 특히 내신 반영 비율 증가(내신 위주의 입시)에 따른 학생들의 부담을 가장 크게 염려하고 있는 모양이다. 단 한번의 학교 시험을 잘못 보게 되면 대학 자체가 가물가물해진다는 논리이다. 또한 이 제도의 시행이 엄청난 사교육 증가를 가져올 것으로 우려하고 있다. 내신성적을 높이기 위해 수단과 방법을 가리지 않을 것이라는 것이다.

그러나, 현재 고1 교실은 예전에 비하여 훨씬 더 분위기가 좋아졌다는 것이 현장 교원들의 평가이다. 물론, 다 그런 것은 아닐 것이라는 전제하에서 말이다. 내신 강화를 통한 학생 선발의 방향 자체는 옳다고 본다.

지금은 단 한 번의 수능시험으로 대학 진학이 대부분 결정되고 있지만, 내신으로 할 경우는 3년 동안 6번의 시험 기회가 있기 때문이다. 단 한 번의 시험을 잘 못 보았다고 해도 기회가 또 있기 때문이다. 수능은 한번 못 보면 1년을 기다려야 하기 때문이다.

내신 위주의 대입시가 실시되기 위한 전제조건이 필요하다.

첫째, 교사에게 완전한 평가권을 주어야 한다. 수능시험을 치르는 것은 평가권이 교사에게 있는 것이 아니고, 국가에 있는 형태이다. 이것을 교사에게 완전히 넘겨주어야 한다는 것이다. 필요 이상의 간섭이 따르지 말아야 한다는 것이다. 최종적으로는 수능시험 자체를 폐지하는 것이 옳다고 본다.

둘째, 사교육비 경감을 위해 교사들이 할 일이다. 사교육비 경감은 전적으로 교사에게 달려있다. 위의 첫 번째 전제조건이 실현된다면 교사들은 나름대로 자기가 가르친 내용을 중심으로 출제하게 될 것이다. 즉 교육과정을 재편할 수도 있게 되는 것이다. 그렇게 되면 일반 학원에서 모든 교사들의 출제경향에 맞춰 수업을 실시한다는 것 자체가 어려워지기 때문에 자연히 사교육이 줄어들 것이다. 항상 연구하고 새로운 문제를 출제하기 위한 교사들의 노력이 필요하다.

셋째, 학부모의 의식변화가 필요하다. 현재와 같이 사교육이 팽창한 상태에서는 학부모의 의식변화만이 새 대입제도의 성공을 거둘 수 있을 것이다. 즉, "사교육 불패론(사교육을 시키면 최소한 손해는 보지 않는다는 논리)"에서 학부모들이 빨리 벗어나야 한다는 것이다.

이런 전제조건이 이루어진다면 2008학년도 대입제도 개선은 성공을 거둘 수 있을 것이다. 교육부에서도 무조건적인 실시만을 고집하지 말고 그에 따른 전제조건으로 무엇이 필요한지 신중한 검토가 필요하다 하겠다.

〈칼럼〉　　　　　　　　　이창희 서울 강현중학교　등록 2005.05.10 15:34:00

MBC에 할말 있다!

오늘(5월9일) 밤 MBC뉴스데스크 시간에 일선 학교의 두발 단속에 관한 내용이 방송되었다. 지나친 두발 규제는 학생들에게 인격적으로 바람직하지 않다는 내용이었다. 학생들의 입장과 일선 학교의 입장을 비교적 공정한 입장에서 바라보았다는 느낌을 받았다.

그런데, 기자의 리포트 말미에서 필자는 실망을 금치 못했다.
"대부분의 학교에서 남학생은 3㎝, 여학생은 단정한 단발머리"로 규정하고 있다는 것이다.

실제로 단정한 머리 규정이 있기는 있다. 그러나, 여학생에게 단발머리로 하라는 규정을 가지고 있는 학교는 많지 않은 것으로 알고 있다. 실제로 필자가 근무하는 학교의 머리 규정에도 단발머리로 해야 한다는 규정은 없다. 다만, "긴 머리일 경우는 묶어준다."라는 규정이 있을 뿐이다.

단발머리는 예전의 교복(80년대 교복 자율화 이전)을 착용할 때 있었던 규정이다. 지금은 단발머리로 해야 한다는 규정을 가진 학교는 거의 없는 것으로 알고 있다.

또한, 요즈음의 두발규정에 머리 길이를 몇 cm로 규정하는 경우도 흔하지 않다. 그런데도 마치 대부분의 학교에서 머리를 강력하게 규제하고 있는 듯한 인상을 준 MBC의 보도는 정확한 보도로 보기 어렵다.

누구를 상대로 자료수집을 해서 그런 규정을 이야기했는지 모르겠지만, 방송에서 보도할 때는 좀 더 정확한 자료를 수집해서 보도해야 옳다고 본다. 몇몇 교사들을 상대로 조사한 내용을 여과 없이 그대로 내보낸다는 것은 방송의 공공성에도 어긋나는 것이다.

현재 머리 규정에 길이를 넣어서 강력히 단속하는 학교는 최소한 서울 시내에서는 찾아보기 어렵다. 다만 "학생 신분에 맞는 단정한 머리로 해야 한다."라는 규정은 있다.

또한 머리를 이발 기계로 밀어 놓은 사진을 두발 자율화 운동 사이트에서 가져와서 내보냈는데, 필자의 생각으로는 그렇게 단속 하는 경우도 그리 흔한 경우라고는 보지 않는다. 필자의 학교도 이발 기계를 보유하고 있지 않다.

언론의 힘은 대단한 것이다. 잘못된 내용도 일단 보도가 되면 옳은 내용으로 둔갑하게 된다. MBC의 보도는 좀 더 신중하게, 그리고 좀 더 정확한 자료수집이 아쉬운 보도였다.

⟨칼럼⟩　　　　　　　　　　　이창희 서울 강현중학교　등록 2005.05.12 09:00:00

교원의 전문성 왜 무시하나!

교원은 전문직이다. 이는 아무리 강조해도 지나침이 없다고 본다. 그러나, 그동안 우리 교원들은 철저히 전문성을 무시당해 왔다. 필요에 따라 전문성을 인정해 준 경우도 있기는 하다.

교원이 어떤 구설에 오를 경우, 교원은 전문직이기 때문에 그렇게 교원들이 행동하면 안 된다는 논리로 이상한 방향으로 전문성을 인정해 주곤 했다.

그런데, 최근에는 교원의 전문성을 무시하는 정도가 지나치다는 느낌이다. 또다시 전문성은 온데간데없이, 교원을 개혁의 대상으로만 밀어붙이고 있다는 생각이다. 이와 함께 교육계 뒤흔들기가 도를 넘어서고 있다는 느낌이다.

현실을 무시한 교원 평가제 도입, 학교 교육을 문제시하려는 분위기, 학생들의 두발 자율화 주장까지 실로 교육 현장을 뒤흔드는 분위기들이 곳곳에 자리하고 있다. 학생들이 주장하면 교육부총리가 만나서 그들의 주장을 듣고 최대한 수용하려고 한다.

그러나, 교원들이 주장하면 어떠한가. 자세히 귀담아듣지 않는다. 오로지 교원을 개혁의 대상으로 더 밀어붙이려고 한다. 누구 수장은 들어주고, 누구 주장은 들어주지 않는가.

그동안 교원들은 수많은 어려움에도 오직 학교교육 정상화를 위해 노력해 왔다. 누가 뭐라고 해도 교원의 전문성 확보를 위해 노력해 왔다. 그러나 최근에는 더 이상 교원들이 참을 수 없을 만큼 전문성을 무시당하고 있다.

변호사, 법무사, 관세사에서 공인중개사에 이르기까지 누구든지 시험에 응시하여 자격을 획득할 수 있다. 학력에 제한을 두지 않는다.

그러나 교원은 다르다. 최소한 4년제 사범대학이나 교육대학을 졸업해야 비로소 교원임용시험에 응시할 자격을 얻게 된다. 그 자격을 얻은 다음에 또다시 임용시험을 거쳐야만 교원이 될 수 있는 것이다.

이런 어려운 과정을 훌륭히 견디어 낸 전문성을 갖춘 사람들만이 교원이 되는데도 교육 당국은 이것을 인정하지 않고 있다. 즉, 교원의 전문성은 교원이 되는 순간부터 무시당하는 것이다.

학교에서 사소한 문제라도 발생하면 온통 잘못을 교원의 탓으로 돌린다. 그러면서도 잘할 때는 누구도 전문성을 인정하려 들지 않는다. 당연한 것으로 받아들인다.

무조건적인 개혁을 단행하려는 교육 당국, 이제는 믿을 수 없다. 정말 천천히 시간을 갖고 깊이 있는 검토를 해야 함에도 그 과정을 생략하려 하고 있다.

정말 답답할 뿐이다. 오늘날 우리 교육의 현실이다.

〈칼럼〉　　　　　　　　　　이창희 서울 강현중학교 등록 2005.05.12 14:47:00

우리는 이렇게 하지요.

최근 교원 평가와 관련한 보도가 연일 쏟아지면서 교원의 사기가 바닥을 치고 있다. 교원들이 모이면 역시 최대 이슈는 아무래도 교원 평가제 도입이다.

그러나 이런 교원 평가를 비웃기라도 하듯이, 정성을 다해서 학생들을 지도하는 교사들의 사례를 이야기하고자 한다.

서울 강현중학교(교장: 이○○)는 5월과 6월 초에 학교 행사 중 전체 학생들이 참여할 수 있는 체육대회와 합창대회가 예정되어 있다. 5월 27일의 교내체육대회와 6월 2일의 교내 합창대회가 잇달아 열리게 되어 있는 것이다.

요즈음 이 학교에서는 체육대회와 합창대회 연습이 학급별로 한창 진행되고 있다. 학교 전체의 행사이긴 하지만, 체육, 음악 두 교과의 교사들이 아침 수업 전과 오후 수업 종료 후에 각 학급을 돌아가면서 학생들을 지도하고 있다. 수업 시간만으로는 연습할 시간이 턱없이 부족하기 때문이다.

자신들의 수업은 수업대로 모두 실시하고, 아침, 저녁에 또다시 학생들을 지도하고 있는 것이다. 대략 하루에 6~7시간의 수업을 하는 셈이다.

특히, 음악과는 두 명의 교사가 모든 학급의 수업을 담당하고 있는데, 아침, 저녁까지 학생들을 지도하다 보면 거의 파김치가 될 정도로 힘든 나날을 보내고 있다.

그러나, 두 교과의 교사들은 불평을 늘어놓지 않는다. 이 학교 음악과의 한 교사는 "전체 학생들이 참여하는 합창대회에 어느 정도 수준이 높은 합창을 선보이기 위해서는 전문성 있는 교사가 지도를 해야 가능하다. 요즈음 학생들의 정서가 갈수록 메말라 가는 것을 감안 하면 학교에서 좀 더 정서적인 교육이 필요하다."라고 하면서 "음악과 교사가 지도하고 있지만, 다른 교사들도 함께 마음속으로 참여하고 있지 않느냐"라고 이야기한다.

체육과 교사들도 "우리가 노력해서 한층 수준이 높은 체육대회를 실시할 수 있다면 이보다 더 힘든 일도 할 용의가 있다."고 하면서 밝은 표정을 지었다.

학생들 역시 "우리를 위해서 수업 후에도 열심히 지도해 주시는 선생님들이 너무 고맙다. 성공적인 체육대회와 합창대회가 될 것으로 기대가 된다."라고 하면서 역시 밝은 표정들이다.

교사와 학생들이 한마음이 되고 있는 것이다. 교사는 학생을 사랑하고 학생들은 교사들에게 고마움을 느끼고 있는 것이다.

이 학교는 이런 교사들의 노력으로 학생들을 위한 일이라면 학교에서 교사가 먼저 발 벗고 나서야 한다는 분위기가 갈수록 고조되고 있다.

뭔가 변화를 주고 교사들이 학생들을 위해 끊임없이 노력할 때 교원 평가제 도입의 논리는 설 자리를 잃고 말 것이다.

〈칼럼〉   이창희 서울 강현중학교 등록 2005.05.13 15:32:00

선생님 이번에는 우리가….

며칠 전 밤의 일이다. 자주 접하지 못했던 전화번호로부터 전화가 걸려 왔다. 자주 접하지는 못했지만, 4년 전에 지금의 학교에 부임해서 첫 번째로 담임을 했던 녀석의 전화라는 것은 쉽게 알 수 있었다.

그때는 우리 학교가 남·여 공학으로 개편되던 첫해였다. 1학년은 공학이고 2, 3학년은 여학생만 있었다.

첫해에 부임과 함께 바로 3학년 담임을 했었다. 당연히 여학생뿐이었다. 그동안 교직 생활 중 여학생 학급을 담임하기는 그때가 처음이었다. 남·여 합반의 담임은 많이 했었지만….

그해 2학기에 학급회장 선거에서 유난히 성적이 안 좋은 녀석이 부회장에 뽑혔다. 지금은 성적이 안 좋은 학생들이 회장이나 부회장을 하는 것을 쉽게 찾을 수 있지만, 그때만 해도 회장, 부회장 중에 성적이 떨어지는 학생들은 거의 없었다.

집안 형편 역시 매우 어려웠다. 그래서 고등학교를 실업계 고등학교로 진학하게 되었다. 집안 형편과 학업성적이 서로 맞물리면서 실업계 고등학교로 진학을 한 것으로 기억된다.

그러던 녀석인데, 올해 고등학교를 졸업하고 당당히 4년제 대학에 합격해서 아르바이트로 학비를 조달하고 있다고 한다. 그것도 공무원 양성과 관련된 특수한 학과였다. 어려움이 많았지만, 첫째도 노력, 둘째도 노력했다고 한다.

이런저런 이야기를 나누다 보니, 어느덧 30여 분이 흐르고 있었다. 휴대전화로 걸려온 전화였기에 일단 끊으라고 했다. 선생님이 다시 전화를 하겠노라고... 그랬더니 이녀석 하는말 "선생님, 저도 그 정도는 아르바이트로 조달하고 있어요. 걱정하지 마세요."라고 한다.

그리고 보니, 작년 스승의 날 즈음해서 보고 1년이 어느덧 지났다. 이번 스승의 날은 일요일이라서 토요일에 학교로 찾아오겠다고 한다. 그러라고 했다. 전화 통화 말미에, "선생님, 이번에는 우리가 선생님 식사 대접할께요. 우리도 아르바이트나 직장 생활 해서 돈 버는 아이들 많아요." 라고 자신 있게 이야기를 했다.

"그래도 선생님이 밥 살테니, 그냥 와라. 선생님 토요일에 시간 비워둘테니까…", "아니예요. 선생님, 토요일에 뵙겠습니다.", "뚝"하고 전화가 끊겼다. 말 많고 시비 많은 스승의 날이지만, 토요일이 기다려진다.

〈칼럼〉　　　　　　　　　　　　이창희 서울 강현중학교　등록 2005.05.14 17:45:00

교사 불신 부추기는 교육청

　얼마 전에 서울시교육청에서 '촌지 수수, 불법 찬조금 모금 등 교육 분야의 각종 부조리 근절'을 목표로 시내 초·중·고에 대해 특별 감찰을 실시한 적이 있다.

　그런데, 이번에는 인천시교육청이 스승의 날을 앞두고 촌지 수수 여부를 확인하려고 교무실에서 교사들의 소지품을 검사하려고 해 물의를 빚고 있다고 한다.

　또한, 광주시교육청에서는 스승의 날을 앞두고 일선 학교 교사들에게 촌지를 받지 않는다는 서약서를 쓰도록 강요하고, 이를 작성하지 않는 교사에게는 사유서 제출을 요구해 물의를 빚고 있다고도 한다.

　이러한 일들이 자꾸 발생하는 것은 스승의 날이 다가오면서 사회 전체의 분위기가 교사들에게 쏠리기 때문이기도 하지만, 그동안 성적 관련 비리 등이 터지면서 학교와 교사를 불신하는 분위기가 팽배해 있기 때문이기도 하다.

　각종 언론은 최소한 15일의 스승의 날이 지나기 전까지는 경쟁적으로 학교와 교사의 문제를 캐내기 위한 노력을 지속적으로 할 것이다. 이는 최근의 언론보도에서도 잘 나타나고 있다.

　이런 언론들의 학교와 교사 불신을 부추기는 보도가 자꾸 나오는 것에 대하여 대부분 정상적인 교육활동을 하고 있는 많은 학교와 교사들에게는 매우 곤혹스러운 일이 아닐 수 없다. 어떨 때는 정말로 그런 일이 있는 것인지, 의아해 하는 경우도 있다.

　그런데, 언론들의 이런 불신 보도를 부추기는 곳이 바로 각 시·도 교육청이라는 느낌에 씁쓸함이 앞선다. 위의 보도에서도 알 수 있듯이, 시·도교육청이 교사를 불신의 대상으로 보고 있지는 않나 싶은 것이다.

촌지 수수 여·부를 적발하기 위해 감찰을 실시 했던 서울시교육청, 교사들의 소지품 검사까지 하려고 한 인천시교육청, 촌지를 받지 않는다는 서약서를 쓰도록 강요한 광주시교육청의 행태가 이를 증명하는 사례로 보고 싶다.

시·도 교육청은 학교 교육을 돕기 위해 있는 교육행정기관들이다. 그런데, 학교와 교사를 불신하는 사회적 분위기를 더욱더 부추기고 있는 것이다.

이런 분위기에서 어떻게 교사들이 교육청을 믿고 따를 수 있겠는가. 모든 국민들이 학교 교육을 불신해도 이를 적극 해소하기 위해 노력해야 하는 곳이 시·도 교육청인데, 이와 관련 없는 조치들을 취하고 있는 것이다.

학교와 교사의 불신을 부추기는 교육청의 행동은 옳지 않다. 학교 교육의 신뢰 회복을 위해 노력하는 시·도 교육청이 되어야 한다.

〈현장소식〉   이창희 서울 강현중학교 등록 2005.05.15.

서울 동작구 교총 현장 연수 열려

　서울특별시교원단체총연합회(이하서울교총)동작구교원단체총연합회(회장: 추○○, 이하 동작교총)의 현장 연수가 15일(일) 열렸다 추○○ 회장을 비롯하여 박○○ 사무국장 등 회원 40여 명이 이 행사에 참석했다.

　이번 연수는 동작구 교총에서 특별히 마련한 연수로, 한국교총에서 주관하는 제3회 교육공동체 한마음 마라톤대회 참가가 어려운 회원들을 위한 행사였다. 서울을 출발하여 무의도, 실미도 일대를 돌아보는 현장 연수로 회원들의 단합과 친목을 도모한 의미 있는 행사였다는 자체 평가다.

　추○○ 회장은 "서울교총의 어려운 사정을 지역 교총이지만, 우리 동작구 교총이 앞장서서 이를 타개하고 몸이 불편하여 교육공동체 한마음 마라톤대회에 참가가 어려운 회원들을 위한 행사"라고 행사의 의미를 전했다.

　참가한 회원들은 대부분 고령 교사로 "한국교총에 몸담아 회원자격을 유지할 수 있는 기간이 얼마 남지 않았지만, 우리의 힘으로 한국교총과 서울교총의 단합된 힘을 보여 주기 위해 불편한 몸이지만 참가하게 됐다. 한국교총과 서울

교총의 발전을 기원한다."라고 입을 모았다.

　동작구 교총은 2학기에도 회원들의 단합과 친목을 위한 행사를 또다시 실시하기로 하였다.

〈현장소식〉 이창희 서울 강현중학교 등록 2005.05.17 20:58:00

"선생님 바늘 있어요?"

"선생님 바늘 있어요. 실은요. 스타킹도요"

아침 8시 10분쯤 교무실로 들어온 어느 여학생의 이야기이다. 가정과 김○○ 선생님(46)에게 찾아온 여학생은 그 선생님을 보자, 이런 이야기를 한다. 사실 김○○ 선생님에게 오는 학생들은 그 학생뿐이 아니다. 물론 남학생들도 많이 있다.

김 선생님은 항상 큼지막한 종이함을 하나 가지고 있다. 그 안에는 바늘, 실, 가위 등 바느질에 필요한 물품으로 가득 차 있다.

"몇 년 전부터 준비를 하고 있었는지는 잘 모르겠어요. 학생들이 명찰이 떨어지고, 바지가 조금 터지고, 옷이 조금 찢어지고, 이런 일이 자주 있다 보니, 준비해 둘 필요가 있었어요. 언제든지 찾아와서 빌려 쓰도록 하기 위해 준비해 두었어요." 김선생님의 이야기이다.

이야기는 그렇게 해도 실제로는 아이들이 하기 어려운 것은 직접 손을 보아 주시기도 한다. 수업하기도 바쁘고 힘든데, 아이들 옷까지 수선해 주는 역할을 자청해서 하시는 것이다.

어떤 날은 아이들이 하도 많이 찾아와서 정신이 없을 때도 있다. 시간이 지나면서 김 선생님이 가지고 계시는 품목도 다양해졌다. 스타킹, 생리대 등도 준비해 두고 있다.

"아이들이 필요할 때는 나중에 가져온다고 하면서 가져가는데, 회수율은 60% 정도밖에 안 됩니다. 떨어지기 전에 제가 다시 채우는 버릇이 생겼어요.

그래도 아이들이 꼭 필요할 때 도움을 줄 수 있다는 것이 기쁩니다."

김 선생님은 불편해하거나 귀찮아하지 않는다. 학생들의 이야기이다. "선생님께 가면 언제든지 구할 수 있어서 좋습니다. 빌려 가면 꼭 갚아야 하는데, 잘 안될 때도 많습니다. 앞으로는 꼭 갚도록 하겠습니다."

이렇게 항상 학생들을 생각하고 사랑하는 선생님들이 있는데, 이런 것들은 어떻게 평가하려고 교원 평가를 한다는 것인지 이해할 수 없는 부분이다. 아이들을 위해 하는 것은 모두 기록이라도 해 두어야 하는 것은 아닌지….

〈칼럼〉　　　　　　　　　이창희 서울 강현중학교 등록 2005.05.21 09:36:00

처음부터 잘못 세워진 두발 대책

최근 고등학교 학생들을 중심으로 두발 자율화 운동이 점점 거세지고 있다. 예전에도 그런 주장이 간혹 있었지만, 사회적 관심과 이슈화가 되지는 못했었다.

그런데, 이번에는 사정이 좀 다른 것 같다. 학생들이 거리로 나서는가 하면, 교내에서 자신들의 주장을 관철하기 위해 행동으로 옮기기도 한다. 서울 강남의 ○○공업고등학교에서는 학생들이 종이비행기를 날리면서 시위 아닌 시위를 했다고 한다.

두발 자율화 주장에 대한 교육 당국의 초기대책이 잘못 세워졌다고 본다. 학생들의 주장에는 어느 정도 타당성이 있는 부분도 있지만, 실제와는 거리감이 있는 부분도 상당 부분 있다. 학생들을 상대로 여론조사를 하면 압도적으로 두발자율화에 찬성을 할 것이다.

그러나 학부모와 교사를 상대로 조사를 한다면 어떨까. 학생들의 경우와는 정반대의 결과가 나올 확률이 높다. 이것을 어떻게 받아들여야 할까.

학생들의 인터뷰 과정에서 "바리깡으로 머리를 밀어버린다. 조금만 길어도…"라는 내용이 나왔다. 그 학교에서 실제로 그런 일이 발생하는지는 정확히 알 수 없지만, 여러 가지로 현실 상황과 비교해 보면 거의 그런 일은 일어날 수 없다.

실제로 학생들을 지도하다 보면, 머리가 정말 보기 싫도록 심하게 자란 경우가 있다. 그런 학생들은 아무리 지도를 해도 듣지 않는다. 교사와 숨바꼭질을 하는 경우가 대부분이다. 여기서 심하게 보기 싫다는 것은, 성인들에게서도 찾아보기 힘든 머리 형태를 이야기하는 것이다.

두발 자율화 문제가 나왔을 때, 교육 당국에서 학생들의 주장이 옳다는 식으로 대응하지 않았나 싶다. 교육부총리가 학생 대표들을 만난 것이나, 경기도교육청이 도내 모든 중·교의 학생 생활 규정에 인권침해 요소가 포함돼 있는지 조사에 나선 것과 서울시교육청의 "머리 관련 규정을 재검토해, 학생 의견을 반영하도록 개정했다."고 지난 10일 밝힌 것 등이 학생들의 의견만 일방적으로 들어주고 있다는 느낌을 받도록 하는 조치였다고 본다.

현재 학교의 두발규정은 이미, 학생들과 학부모의 의견수렴을 거친 후 개정된 것들이다. 그런데, 이제 와서 다시 의견조사를 하라는 것은 납득이 가지 않는 부분이다. 또한 인권침해 요소가 포함되었는지 조사하는 것도 문제다. 왜 하필이면 이제서 인권침해 요소를 조사해야 하는가.

학생들의 주장을 들어주기 이전에 좀 더 다양한 의견수렴과 두발 자율화를 하기 이전에 전제조건은 없는지 검토해야 했다. 민주적이고 인권 존중의 시대라고는 하지만, 모든 분야에 다 적용 시킬 수는 없는 것이다.

학생들의 두발 자율화 주장이 관철되고 나면 머리 염색을 허용해 달라고 또 다시 거리로 나설지도 모르는 일이다.

신중한 대책 마련이 중요한 시점이다.

〈현장소식〉   이창희 서울 강현중학교 등록 2005.05.23. 17:40:00

사교육 해소는 이렇게

어떤 연유로 인해 다른 지역의 선생님들을 만날 기회가 종종 있다. 만나면 각자 자기 지역과 어떻게 다른 교육을 하는지 알아보기 위해 이야기를 주고받는다. 어차피 교사들은 만나면 학교 또는 학생 이야기를 하게 된다.

일전에 만났던 한 선생님은 충남의 소규모 학교에 근무하는 교사이다. 리포터와 같은 과목인 과학을 담당하고 있었기 때문에 더욱더 할 이야기가 많았다.

그런데, 그 선생님은 서울지역의 우리들과는 좀 다른 면이 있었다. "최소한 중학교에서는 내신을 각 학교의 실정에 맞게 낼 수 있습니다. 선발고사를 보는 경우도 내신의 비중이 매우 높습니다. 내신은 학교 내에서 관리하는 것이지요."

"그래서 어떻다는 이야기인가요?"라고 물었다. 그러자 "고등학교처럼 수능이라는 국가주관의 시험이 있는 경우는 어쩔 수 없이 공통되고 시험에 자주 출제되는 내용을 가르쳐야 하겠지만, 중학교에서는 그렇게 할 필요가 없습니다. 학생들과 다양한 활동을 통해 개념 정립을 도와주면 된다고 생각합니다."

"그래서요."라고 또 물었다. "그렇게 한다면 사교육은 자연히 줄어들지 않겠어요. 학원이나 과외를 별도로 받아도 효과가 없다면 학부모가 계속 사교육을 고집하겠습니까? 저 같으면 그렇게 하지 않을 것입니다. 효과 없는 사교육을 왜 하겠습니까?"

그렇다. 사교육이 팽창하도록 원인을 제공한 것이 어쩌면 교사들일지도 모른다. 일반적으로 출제되는 문제만을 고집한 탓도 있을 것이다. 학교에서 개념 정립을 위해서는 다양한 교육 방법이 있을 수 있다. 그 다양한 방법으로 실시한 수업에서 시험문제를 출제한다면 사교육이 이를 따라올 수 없을 것이다.

공감이 가는 이야기 들이다. 사교육 해소를 위한 노력을 교사부터 해야 할 것 같다는 생각이 든다.

⟨칼럼⟩　　　　　　　　　　이창희 서울 강현중학교　등록 2005.05.25 10:30:00

방향 잃은 교육대학원 교육

　교원은 전문성 확보를 위해 지속적인 재교육이 필요하다. 각종 연수, 교육대학원 진학 등이 바로 재교육의 연장 이라고 하겠다.

　이 중에서 교육대학원 진학은 재교육과 학위취득이라는 두 가지를 동시에 얻을 수 있다. 또한 그 결과를 승진 시 반영할 수 있는 장점을 가지고 있기 때문에 교원들의 선호도가 매우 높은 편이다.

　이미 발표가 되었지만, 금학년도 입학생까지는 서로 다른 두 전공의 학위를 승진 시에 모두 반영하게 되어 있다. 예년의 경우보다 더 많은 교원들이 교육대학원 진학을 했다는 후문이다.

　그러나 예전에는 교육대학원 진학이 현재처럼 쉽지 않았다. 교육대학원이 많지 않았고 철저한 입시관리로 전형에서 불합격하는 경우가 많았던 것이다.

　그러나, 지금은 사정이 그렇지 못한 것 같다. 원격 대학원 등장에 지방소재 대학원의 경우는 서울에서 출장 강의를 하기도 한다. 그러니 원하기만 하면 교육대학원 진학이 가능하게 된 것이다.

　물론, 일부의 교육대학원은 철저한 전형 관리로 지금도 입학 자체가 쉽지 않은 곳도 있긴 있다. 그러나 입학이 어려운 곳보다는 쉽게 입학할 수 있는 곳이 더 많은 것이 현실인 듯싶다.

　이들 대학원은 학생 선발에만 목표를 두고 있는 듯하다. 특히, 학부 과정에 해당 전공이 없고 사범대학이 없는 대학에도 교육대학원은 설립되어 있는 경우도 있다. 학부 과정부터 교원을 양성하고 있는 대학이 교육대학원 교육도 잘하리라는 근거는 없지만, 전문성 신장을 위한 재교육의 연장이라는 측면에서는 학부에도 사범대학이 설치된 대학에 교육대학원이 설치되어야 옳다고 본다.

일정 요건만 갖추면 교육대학원 설치가 가능한 것으로 볼 수 있다. 교육대학원 설치 요건을 좀 더 강화해야 한다고 본다. 우후죽순(雨後竹筍) 격의 교육대학원 설립은 교육의 질 자체를 떨어뜨리는 결과를 가져올 것이기 때문이다.

일부 대학원의 경우는 지원하는 교원들에게 특혜를 제시하는 경우도 있다고 한다. 출석을 잘하지 않아도, 과제물을 잘 제출하지 않아도 된다는 암시를 주고 있다는 것이다. 이런 경우는 대학원 교육의 질 보다는 수입을 올리기 위한 수단으로 학생을 선발하는 것으로 보인다.

최근 교육부에서 교육대학원을 평가하겠다는 기사를 본 적이 있다. 이왕 평가를 할려면 철저한 평가가 필요하다고 본다. 그동안 파행적인 대학원 교육을 실시해온 대학원이 있다면 대학원 설립 자체를 취소하는 것도 대학원 교육 정상화의 방법이 아닌가 싶다.

교원의 재교육 과정에 대학들의 각성과 노력이 시급한 시점이 아닌가 싶다.

〈칼럼〉　　　　　　　　　　이창희 서울 강현중학교　등록 2005.05.30 09:54:00

수석교사제 도입을 위해서

10년 이상을 노력했지만, 아직도 제도의 도입이 불확실한 것이 수석교사제이다. 그동안 단체교섭과제의 단골 메뉴였고 교섭에 합의가 되기도 했었다. 그런 데도 도입까지는 상당한 진통이 예상된다.

도입에 어려움이 따르고 있는 데에는 여러 가지 원인이 있겠지만, 최소한 표면으로는 전교조의 반대가 한몫하는 것으로 알고 있다. 실제로 교육부에서도 그런 이유를 들어 난색을 표명하고 있는 것으로 알고 있다.

초기에는 예산상의 문제로 도입에 어려움이 있었다. 그러던 것이 전교조 합법화와 함께 그들의 반대로 인해 더 이상 진전을 하지 못하고 있는 것이다.

그렇다고 이대로 논의를 중단할 수는 없다. 전교조가 반대를 해도 반대의 명분을 바로잡을 수 있는 대안을 제시해야 한다.

그 대안으로 우선은 수석교사제 도입과 관련하여 교총의 정책연구소를 중심으로 정책연구를 제안하고 싶다. 그 당위성과 필요성을 중심으로 누구나 공감할 수 있는 정책연구를 자체적으로 진행했으면 한다. 그동안 진행된 연구가 있었는지는 정확히 알 길이 없으나 만일 수석교사제와 관련된 정책연구가 없었다면 꼭 연구했으면 한다.

즉, 수석교사제 도입을 공론화하자는 것이다. 교원 평가제의 대안으로도 더 없이 좋은 제도가 수석교사제이기 때문이다. 스스로 전문성을 신장하기에는 그 어떤 제도보다 우수한 제도라는 것을 부각 시키자는 것이다.

물론 예산상의 문제가 있을 수 있지만, 한국교총이 전교조보다 우위에 있는 것이 우수한 인력과 정책연구소라는 훌륭한 기구를 가지고 있는 것이라고 본다.

혹여 이 연구에 수석교사제에 공감하는 전교조 인사를 포함한다면 더욱 좋은 결과를 얻을 수 있다는 생각이다. 개인적으로는 전교조 인사들 중에서도 수석교사제 도입에 우호적인 인사가 있는 것으로 알고 있다. 그 결과를 토대로 다시 한번 공론화를 시켜서 전교조와 합의된 단일 안을 제시할 수도 있다는 생각이다.

그동안 누차 필요성이 대두된 수석교사제를 또다시 제안하는 이유는 간단하다. 교원 평가제 도입의 목소리가 높아지는 것은 그동안 교원들 스스로가 전문성 신장을 소홀히 했다는 점도 작용했다고 본다.

따라서 수석교사제를 도입하여 단위 학교별로 교원의 전문성 신장을 위해 스스로 노력해야 하기 때문에 절실한 것이다. 이런 제도 도입을 통하여 교원 평가보다 더 발전된 교원의 전문성 신장이 가능하기 때문이다.

〈칼럼〉　　　　　　　　　　　이창희 서울 강현중학교　등록 2005.06.02. 08:56:00

일과 중 연수 과정 개설 바람직한가.

수년 전 6차 교육과정이 시작되면서 학교 수업에 관한 규정이 수업일수 기준에서 수업일수와 수업시수를 함께 채우도록 바뀌었다. 좀 더 효율적인 수업시수 확보를 위한 조치였다.

그와 함께 수업시수 확보를 위해 일과 중의 연수는 물론, 일과 중의 출장도 가급적 자제하라는 공문이 학교에 시달되었다. 또한 연수기관에는 일과 중의 연수는 원칙적으로 방과 후의 연수로 시간을 변경하도록 하였다.

이로 인해 일선 학교에서는 어떤 일이 있어도 특별한 경우를 제외하고는 자신의 수업은 자신이 책임지는 풍토가 조성되었다. 결강을 최소화하기 위해 교육청은 물론 일선 학교에서도 많은 노력을 기울였기 때문이다.

그런데, 그동안 시간이 흐르면서 슬그머니 일과 중의 연수나 일과 중의 각종 회의 등이 다시 등장하여 지금은 그 수를 헤아릴 수 없을 정도로 많아졌다.

꼭 받아야 하는 연수나 꼭 참석해야 하는 회의 등에 교사가 참석하려면 어쩔 수 없이 출장을 가야 한다. 이를 위해서는 자신의 수업을 오전으로 올려서 모두 소화한 다음 출장을 가야 한다.

수업을 올리다 보면 학생들의 시간표가 변경되어 효율적인 수업이 어렵게 된다. 원래 시간표를 작성할 때는 과목별, 학급별로 오전, 오후를 적당히 안배하고, 특별실 수업 등을 고려하게 된다. 또한, 체육교과의 수업을 위해 운동장에 여러 학급이 한꺼번에 나오지 않도록 안배를 한다.

그런데, 출장 교사가 생기면 시간표를 변경해야 한다. 해당 업무 담당자의 어려움은 물론, 학생들에게 상당한 피해를 안기게 되는 것이다.

문제는 이것만이 아니다. 담임의 경우는 종례를 하지 못하게 된다. 부담임이 보통 종례를 하게 되는데, 학생들을 제대로 파악하지 못하기 때문에 효율적이지 못하다.

물론, 연수나 출장이 하루뿐이라면 사정은 괜찮겠지만, 수일 동안 지속되는 연수의 경우는 학생들의 피해가 더 커질 수밖에 없는 것이다. 아침에만 담임교사를 보고 오후에는 담임교사를 볼 수 없기 때문이다.

담임교사가 아니더라도 학생들은 물론 교사 개인도 엄청난 부담을 안게 되는 것이다.

일과중의 연수나 출장을 획기적으로 줄여야 한다. 꼭 필요한 회의 등이 아니면 일과 중을 피해야 하고 연수는 원칙적으로 방과 후에 시작되도록 해야 한다. 또한 일과 중에 이루어지는 교감 자격연수도 방과 후로 미루어야 한다.

이를 위한 교육 당국의 노력이 필요하다. 이유는 간단하다. 학교는 학생 교육이 최우선시되어야 하기 때문이다.

⟨칼럼⟩   이창희 서울 강현중학교   등록 2005.06.05 14:12:00

학교가 말단 행정기관인가

　학교에 시달되는 각종 공문서의 양을 줄이기 위한 노력을 하고 있다고 교육부와 시·도 교육청들이 이야기를 많이 한다. 그러나, 실제로 공문서의 양이 줄어들었다는 느낌이 피부에 와닿지 않고 있다. 도리어 조금씩 늘어나는 것이 아닌가 싶을 정도이다.

　이렇게 공문서의 양이 줄어들지 않는 이유는 여러 가지가 있겠지만, 교육부는 물론, 시도 교육청마저도 학교가 교육기관이라는 것을 간혹 망각하기 때문이 아닌가 싶다. 실제로 공문서의 내용에는 직접적인 지시 사항에서부터, 조사, 통계, 주변 행정기관의 협조 등 다양하게 내려오고 있다.

　때로는 행정기관에 시달되어야 할 공문들이 학교에 내려오는 경우도 있다. 일반행정과 겹치는 각종 공문이 그것들이다. 또한 시도 교육청을 통해서 내려오는 공문이 이미 해당 기관에서 직접 보낸 공문의 재탕인 경우도 있다. 그러다 보니 학교는 공문서에 시달리게 되는 것이다.

　필요 없는 공문이 내려오는 경우도 있다. 모든 학교에 해당되지 않는 공문임에도 모든 학교에 일괄적으로 내려보내는 경우가 그렇다. 예를 들면 어떤 대회에 참가하지 않았는데도 참가자 명단이나 입상자 명단이 공문으로 내려오는 경우, 어떤 연수에 해당 학교 교원이 참가 신청을 하지 않았는데도 다른 학교 참가자들로만 이루어진 명단이 내려오는 경우 등이다.

　학교는 말단 행정기관이 아니다. 교육기관이다. 아직도 줄어들지 않는 공문, 그 이유는 학교를 말단 행정기관으로 오인하기 때문일 것이다.

〈칼럼〉　　　　　　　　이창희 서울 강현중학교　등록 2005.06.06 16:21:00

꼭 학교에 요청할 필요가 있는가

일선 학교에는 각종 통계나 국회의원의 요구에 의해 하달되는 공문들이 많다. 시간을 다투어 보내야 하는 공문부터 다소 시간이 걸리더라도 꼭 보고를 해야 하는 공문들이 그것이다.

그런데, 이들 공문서 중에는 일선 학교에서 쉽게 해결할 수 있는 것들도 있지만 쉽게 해결하기 어려운 것들도 상당수 있다. 특히 정보화 사업의 진행과 함께 이들의 상황을 보고해야 하는 경우는 상당히 어려움을 느끼게 된다.

예를 들면 얼마 전에 서울 시내 중학교에 내려온 국회의원의 요구자료 조사보고와 최근에 내려온 교육부 감사 관련 자료가 그것이다. 이들 공문에는 정보화기기의 증가 내역과 함께 2002년부터 2004년까지의 정보화기기 구입 내역을 보고하도록 되어 있다.

물론, 학교에서 자료를 찾으면 다소 시간이 걸리긴 해도 처리가 가능하긴 하다. 문제는 구매 내용에 가격을 기재하게 되어 있다는 것이다.

일선 학교에서 구입하는 각종 기자재는 조달청의 조달 품목이 대부분이다. 그런데, 새로 조달계약이 된 경우는 기존의 품목은 사라지고 새로운 품목이 현재 가격과 함께 조달청 홈페이지에 올라와 있게 마련이다. 지난 품목의 가격을 찾아내기란 쉽지 않다.

지난 것을 알아보기 위해서는 행정실의 서류를 모조리 찾아야 해결이 가능하다. 행정실의 도움을 받는다고 해도 교사가 감당하기에는 상당히 어려운 것이 현실이다. 실제로 보고하고 나서도 그것이 100% 맞는지 의아스럽기까지 하다.

대부분의 정보화기기 구입 예산은 교육부 또는 시·도 교육청에서 지원받는다. 어떤 목적으로 어떻게 구입하라는 것까지 명시되어 예산이 내려온다. 가령 교체, 증설 등으로 명시되어 내려오고 사용 목적도 교단 선진화, 교육용, 교원용 등으로 명시되어 내려온다.

그렇다면 예산을 배부한 교육부나 시·도 교육청에는 예산 배부 기록이 있을 것이다. 그 기록을 활용하면 일선 학교에까지 업무 가중을 주지 않아도 될 것이다. 각 시·도 교육청에서 해결해도 될 것이다.

아니면 일선 학교에서 자체적으로 구입한 내역만 기재하도록 한다면 훨씬 더 수월할 것이라는 생각이다. 무조건 내려보내서 언제까지 조사해서 보내라고 하는 것이 옳은 방법은 아닐 것이다.

또한 그 기간 내에 보고가 안되면 전화로 연락이 온다. 이때 담당자에게는 어떤 연유로 보고가 늦어졌는지 알아보지 않고 곧바로 교감을 찾는 경향이 있다. 시간 내에 보고를 못 한 잘못도 있지만 그냥 놀면서 보고를 하지 않을 리는 없는 것이다.

앞선 기사에서도 밝혔듯이 교육부나 시·도 교육청 관계자들이 학교를 단순한 행정기관으로 보고 있기 때문이라는 생각이다. 반드시 학교의 도움이 필요한 경우를 제외하고는 시·도 교육청 이상에서 스스로 해결하는 지혜가 필요하다 할 것이다.

학교가 존재하는 최대 목적은 행정업무 처리가 아니라 학생들을 교육하는 것이다.

〈칼럼〉   이창희 서울 강현중학교 등록 2005.06.08 09:14:00

대도시의 교육을 원하는 까닭은?

오늘 우리 반에서 한 녀석을 전학시켰다. 아니 좀 더 정확히 말하자면 전학을 간 것이다. 물론 학교에서 전학을 인위적으로 보내는 경우는 거의 없다. 최소한 중학교에서는….

올해 초 담임을 맡아서 학생들과 깊이 있는 대화를 많이 나누었다. 자연히 속에 있는 이야기를 털어놓는 학생들이 나타나기 시작했다. 그중에 한 녀석이 바로 오늘 전학을 간 녀석이다.

이야기 끝에 그 녀석이 1학년 말에 지방에서 서울로 전입을 해왔다는 것을 알게 되었다. 이유는 간단했다. 아버지가 안 계시고 어머니와 생활하는데, 어머니의 교육열이 매우 높아서 서울에 가서 공부하라고 보냈다고 했다.

서울에는 연고가 없는 상태였지만 사촌 언니가 직장을 다니면서 생활하는 곳이 현재 우리 학교의 근처라는 것이었다. 그렇게 해서 이 녀석의 서울 생활이 시작되었다.

6개월을 조금 넘긴 요즈음. 그 사촌 언니와 갈등이 심화되어 이 녀석이 집을 나와 버렸다. 친구 집에서 신세를 졌지만 더 이상 그것이 어렵게 되었다는 것이다. 결국은 오늘 어머니가 시골에서 올라왔다. 이 녀석의 서울 생활은 이렇게 막을 내렸다. 더 이상 친구 집에서 신세 지는 일도 막을 내리게 되었다.

시골로 다시 전출을 보내면서 담임으로서 마음이 많이 착잡했다. 지금껏 여러 명을 전출 보냈지만, 이번처럼 마음이 안 좋은 경우는 정말 없었다. 그 녀석이 과연 학교생활을 잘할 수 있을지… 자칫 적응을 잘 못한다면… 등등 여러 가지 생각이 스쳐 지나갔다.

그 와중에도 그 어머니 말씀이 귓가에 맴돈다. "선생님, 우리 아이 내년이면 다시 또 전학을 올 것입니다. 저는 우리 아이를 꼭 서울에서 학교에 다니도록 할 것입니다. 그래야 나중에 좋은 대학 보낼 것 같아서요."

현재 우리나라 교육의 현실이라는 생각에 이르자, 더 이상은 아무 생각도 들지 않았다.

〈칼럼〉　　　　　　　　　　이창희 서울 강현중학교　등록 2005.06.10 22:27:00

지금쯤은 내년도 방향이 필요하다.

이제 6월도 중순으로 넘어가고 있다. 한 달여가 지나면 여름방학을 맞이하게 된다. 벌써 한 학기가 거의 지나가고 있다.

그동안 3월부터 5월까지 전국의 모든 학교가 월 1회 주 5일 수업제를 실시했다. 월 1회 실시하는 주 5일 수업제의 장단점을 분석하기에, 충분한 시간이었다. 또한 월 2회 주 5일 수업제 우선 시행학교도 나름대로 장단점 분석이 되었을 것이다. 월 2회 주 5일 수업제 실시는 이미 시범 운영되었었다.

이제는 각급학교 학생은 물론 교원들의 관심사가 내년도에는 어떻게 시행할 것인가에 쏠려 있다. 주 5일 수업제에 따른 수업 시간 모두를 올해는 보전하였지만, 과연 내년에는 어떻게 보전할 것인지, 아니면 수업시수를 줄일 것인가에 관한 관심이 증폭되고 있는 것이다.

또한 올해처럼 학생이 거의 없는 토요 휴업일에 교사가 계속 출근해야 할 것인지, 일부 고등학교에서 토요 휴업일에 학생을 등교시키는 편법에 대해서는 어떻게 할 것인지, 일선 학교에서는 관심이 많다.

문제는 내년도 시행을 위해서는 각급학교에서 사전에 준비를 많이 해야 한다는 것이다. 학사일정 조정은 물론 교과별 수업시수 안배, 수업 보전에 대한 방법 등이 바로 그것이다.

이제는 내년도 시행계획 중 기본적인 방안이 나와야 할 때가 아닌가 싶다. 그동안 충분한 검토와 시범 실시 등으로 어느 정도 검증이 되었다고 본다.

아직도 미흡한 점이 있다면 각급학교의 교원과 학생들을 통한 의견조사를 조속히 실시하는 것도 좋은 방법이라 하겠다. 미흡한 점을 좀 더 보강하기 위해서는 일선 학교의 의견이 가장 중요하다고 보기 때문이다.

아직 내년까지는 시간이 많이 남았지만, 지금쯤 내년도 방향이 기본적으로 세워져 있어야 한다는 생각이다. 좀 더 발전적인 방안이 조속히 발표되기를 기대해 본다.

〈칼럼〉 이창희 서울 강현중학교 등록 2005.06.11 16:47:00

고집쎈 교육부, 이제는 철회를

6월9일 국회 교육 분야 대정부질문에서 여야 의원들은 교원 평가제 도입의 재검토를 촉구했다고 한다. 어느 한쪽의 의원들만의 주장이 아니고 여야 의원들 모두가 한목소리를 냈다는 것이다.

그런데도 교육부총리는 2학기부터 교원 평가제를 시행하겠다는 의지를 굽히지 않고 있다. 교원이 반대해도, 정치권에서 반대해도 하겠다는 것이다.

그동안 교원들의 반대에도 불구하고 지속적으로 실시를 천명해 왔던 교육부총리가 이번에는 정치권의 재검토 요구도 받아들이지 않겠다는 것이다. 재검토를 요구하는 정치권의 목소리마저도 무시하겠다는 것이다.

과연 이런 상황에서 교원 평가제를 굳이 해야 할 이유가 무엇인가? 교원 평가를 실시하면 교육이 도리어 황폐해진다는 것쯤인 그동안의 여러 경로를 통해 수 차례 검증이 되었다. 교원 평가제를 도입하면 우리나라 교육이 몇 배 발전한다는 말인가.

국회의원들의 주장처럼 교원 평가제 이전에 더 중요한 개혁을 이루어야 한다. 교원들의 전문성을 자발적으로 신장시킬 수 있는 방안 마련, 교원 양성 체제 개편 등이 바로 그것이다.

이제는 교원들만 반대하는 것이 아니다. 정치권에서도 나섰다. 한 의원은 "전체적인 교육 현실에 대한 고려 없이 교사 개인을 평가한다고 해서 학교 교육이 개선되느냐"고 했다. 그런데도 교육부만 강행하겠다고 한다.

교육부는 더 이상 고집스럽게 교원 평가제 도입을 추진하지 말아야 한다. 여론을 업고 지속적으로 추진해 왔지만, 이제는 여론도 교원 평가제 도입을 반대하는 추세이다.

더 이상의 고집은 교사, 학생, 학부모 모두에게도 도움이 되지 않는다. 지금이라도 교원과 정치권의 요구를 받아들이는 지혜를 발휘해야 할 것이다.

〈현장소식〉　　　　　　　　　이창희 서울 강현중학교　등록 2005.06.13 22:09:00

교내 자원봉사자의 활동

　간혹 언론보도를 통해서 이미 알려진 사실이지만, 각급학교에 학생 상담 및 교내 순시 자원봉사자들이 활동하고 있다. 현재 서울 시내의 상당수 학교에 이들이 배치되어 다양한 활동을 하고 있다. 본교에도 자원봉사자 한 분이 열심히 활동하고 있다.

　주된 활동 내용으로는 교내 순시와 학생 상담이다. 특히, 교내 순시 활동은 학생들의 반응이 매우 좋다. 쉬는 시간에 교실에서 일어나는 각종 사안(급우간의 다툼 등)을 미연에 방지하는 효과가 대단하다. 보통 쉬는 시간에 교실에서 일어나는 일은 담임교사가 잘 모르고 지나가는 경우가 많다. 그러나 자원봉사자의 활동에 따라 사안이 많이 줄었다는 것이 학생과 교사의 평가다.

　또한 문제점이 있는 학생 중 상담을 요하는 학생은 방과 후에 수시로 상담하고 있다. 자원봉사자이지만 상담에 상당한 식견과 경험을 가지고 있다. 특히 본교는 자원봉사자가 여성이라서 엄마 마음으로 학생들에게 다가가기 때문에 훨씬 더 상담 효과가 뛰어난 것으로 판단된다.

　학생들은, "쉬는 시간에 싸우거나 심하게 장난치는 경우가 많았는데, 그 선생님(자원봉사자를 지칭)이 오신 뒤로는 그런 일이 거의 없어졌다. 참 좋은 것 같다."고 평가하고 있다. 교사들 역시 "일일이 쉬는 시간에 교실에 가보지 않아도 학생들이 잘하는 모습을 보면 분명 효과가 있다."고 긍정적 평가를 내렸다.

　물론, 교사들 중에는 "외부인이 교내에 들어와서 활동하는 것은 결코 바람직하지 않다."고 평가하기도 한다. 즉, 교내의 문제는 교내에서 교사들이 해결해야 한다는 것이다.

좀 더 시간을 두고 지켜보아야 하겠지만 자원봉사자의 등장으로 교내에서만큼은 학생과 교사들이 도움을 받고 있는 것만은 틀림없는 사실로 보인다. 앞으로의 과제는 운영을 어떻게 해 나갈 것인가에 대한 연구가 아닌가 싶다.

⟨칼럼⟩　　　　　　　　　　　이창희 서울 강현중학교 등록 2005.06.14. 17:04:00

자립형사립고 확대 실시 가능한가

최근 동아일보의 보도에 의하면 2002년부터 시범 운영된 자립형사립고의 확대 운영 여·부가 금년 하반기에 공청회를 거쳐 결정될 것으로 보인다. 이에 따라 교육인적자원부는 시범운영 중인 6개 고등학교를 대상으로 자립형사립고 제도의 교육적 성과 등에 대해 현장 실사를 진행 중이며 7월 초까지 평가를 마칠 계획이다.

이어서 교원, 시민단체, 사학 관계자 등이 참여하는 '자립형 사립고제도협의회'를 구성한 뒤 8, 9월 중 공청회를 통해 이 제도의 정식 도입 또는 확대 여부에 대한 공론화를 거쳐 10월까지 최종 입장을 결정한다는 방침이라고 한다.

자립형 사립고

이러한 장점도 있지만, 등록금을 일반 학교의 3배까지 받을 수 있어 학부모에게는 부담이 따르는 단점도 있다. 또한 원하는 학생들 모두가 입학을 할 수 없다는 점과 서울에는 단 한 개 교도 없다는 것이 커다란 단점이 아닐 수 없다. 현재 서울에서도 자립형사립고의 확대에 대비하여 이미 준비를 마친 학교도 상당수 있다고 한다. 제도의 시행만을 기다리고 있는 것이다.

그러나 서울시 교육청은 자립형사립고 확대보다는 종로구에 국제고와 구로구에 과학고를 세우고 2008학년도부터 신입생을 선발한다고 한다. 자립형사립고 확대 시행과는 다소 거리가 있는 방안이 아닌가 싶다. 대한민국 교육의 대표적인 서울에서 좀 더 확실한 방향을 제시해야 할 것이다.

자립형사립고를 확대하는 것은 교육수요자의 욕구를 충족시키고 평준화 정책의 보완책으로 바람직한 정책으로 보인다.

그러나 이의 성공을 위해서는 해당 학교에서 교육에 대한 투철한 철학이 필요하다. 사립학교에만 주는 일종의 특별한 혜택이라고도 볼 수 있기 때문이다. 학생들을 상대로 하여 돈벌이하고 있다는 인상은 절대로 주지 않아야 할 것이다.

또한 교육과정을 확실히 차별화하고 특성화하는 것이 필요하다 할 것이다. 학생 교육을 위해 다각적인 노력도 함께 해야 할 것이다. 학생들을 진학에만 매달리지 않도록 하는 정책도 필요하다 할 것이다.

뿌린 만큼 거두어들인다고 한다. 자립형사립고의 확대 이전에 이들 학교의 확고한 신념과 노력이 필요하다 할 것이다.

〈현장소식〉   이창희 서울 강현중학교 등록 2005.06.15 20:49:00

10분 독서를 아시나요.

최근 초등학교를 중심으로 아침 수업 시작 전의 짧은 시간을 이용하여 독서 활동을 하는 학교가 늘고 있다고 한다. 즉 수업 시작 전에 10분 정도의 시간을 할애하여 담임교사와 함께 전체 학생들이 독서를 한다는 것이다. 이렇게 독서를 함으로써 한 달에 5-6권 이상의 책을 읽는 학생이 있다고 한다.

이런 독서 활동의 효과는 학생들이 수업에 들어가기 전에 차분한 마음을 가다듬고, 독서를 통한 인성 함양에 기여할 수 있으며, 학생들로 하여금 독서하는 습관을 갖도록 한다는 것이다. 대학입시에서 논술의 중요성이 강조되는 시점에서 독서를 통하여 논리력 증진에도 기여할 것으로 보인다.

요즈음의 학생들은 특별히 시간을 할애하여 독서하기가 쉽지 않은 상황에서 생활하고 있다. 많은 학생이 학교 수업 외에 다양한 활동을 하기 때문이다. 그 활동에 밀려 독서는 뒷전에 있는 것이다. 따라서 이런 활동이 독서할 수 있는 분위기를 조성하는 데에 매우 큰 기여를 하는 것이다.

이러한 독서 활동이 다른 학교급에도 확대 되어 효과적인 운영이 되었으면 한다. 특히, 10분 독서의 원조격인 일본의 그것보다 훨씬 더 현실적이고 효과적인 독서 활동으로 발전하기를 기대해 본다.

〈칼럼〉　　　　　　　　　　이창희 서울 강현중학교　등록 2005.06.18 15:42:00

"수업 잘하고 근무 잘해도 소용없어요."

최근에는 중학교에서도 휴직 교사를 대신할 기간제 교사를 구하기가 쉽지 않은 형편이다. 특히 기간이 길지 않은 경우의 기간제 교사는 모셔 와야 하는 형편이다.

이런 사정 때문에 길지 않은 기간의 기간제 교사는 주로 명예퇴직한 전직 교사를 모셔 오는 경우가 많다. 아무래도 젊은 층은 임용시험 준비를 위해 기간제 교사를 원하지 않는 것으로 보인다.

우리 관내 학교에도 명예퇴직한 기간제 교사들이 상당수 있다. 최근에 이들 기간제 교사들과 대화를 나눌 기회가 있었다. 대화 중에 의미 있는 이야기가 있어서 일부를 소개하고자 한다.

이들은 한결같이 "이미 명예퇴직을 했기 때문에 교직에 대한 더 이상의 미련은 없고 그냥 학생들과 대화하고 가르치는 것을 즐겁게 생각한다."라고 말한다. "퇴직하고 집에서 지내려니 좀 답답하기도 하고 마음이 안정되지 않아서 기간제 교사를 하게 되었다."는 것이다.

그 중 한 선생님의 말씀은 현재 우리 교직 사회의 현실을 잘 대변해 주는 이야기였다. "수업 아무리 잘하고 학교 결근 안 하고 아이들을 위해 별짓을 다 해도 알아주는 사람 아무도 없어요. 그렇게 열심히 해도 결과는 아무것도 없어요. 다만 확실히 나타나는 결과는 하나 있더라고요. 나이 먹고 늙어 가니까 아무도 인정해 주지 않는다는 것뿐입니다."

"교감, 교장 승진 못 하면 그냥 능력 없는 교사로 보일 뿐입니다. 정말 아이들 위해서 최선을 다한 교사라고 기억해 주는 사람 아무도 없어요. 선생님도 더 나이 먹기 전에 수업 잘할 생각만 하지 말고 개인적인 일도 좀 하세요."

정말 가슴 아픈 이야기였다. 현재 우리의 교직 사회는 뭔가 크게 잘못된 구조에서 돌아가고 있다는 생각을 다시 한번 하게 된다.

그 선생님은 젊었을 때는 정말 집에 일찍 가는 일이 거의 없었다고 한다. 같이 있던 선생님들이 인정하는 선생님이었다. 그런데, 어느 순간에 승진에서 멀어지고 아이들만 위해서 노력하는 교사는 설 자리가 없다는 것을 깨달았다고 했다.

그 선생님의 마지막 말씀. "그래도요. 후회하거나 아쉬운 것은 없어요. 교사가 아이들 열심히 가르치고 아이들과 함께한다는 것이 가장 좋은 보람 아니겠어요? 아이들 없는 학교가 존재할 수 있나요. 아이들이 없는데 교사가 존재할 수 있나요. 아이들 잘 지도하는 교사가 가장 훌륭한 교사입니다. 언젠가는 이런 교사들이 우대받는 시대가 올 것입니다. 희망을 가지고 열심히 하십시오."

며칠이 지났지만, 그 선생님의 말씀이 자꾸 귓가에 들리는 듯한 이유가 무엇일까.

⟨칼럼⟩   이창희 서울 강현중학교 등록 2005.06.19 10:46:00

수행평가에 대한 또 다른 고뇌

김환희 선생님의 "수행평가의 허(虛)와 실(失)" 기사를 깊이 동감하면서 보았다. 대체적인 문제점이 잘 나타나 있는 것 같다. 특히 고1 학생들의 경우는 더욱더 어려움과 문제가 있다는 것이 매우 현실적이라고 본다.

얼마 전 학부모로부터 전화 한 통을 받았다. 우리 반에서 성적이 가장 좋은 여학생의 어머니였다. 다음은 통화 내용 요약이다.

"어제 저녁에 우리 아이가 집에 오자마자 이유 없이 울더군요. 이유를 물었지만, 그냥 억울하다고만 하고 계속 울더군요. 그래서 담임선생님께 무슨 잘못을 저지르고 꾸중을 들었나보다 라고, 생각하면서 대수롭지 않게 넘기려 했지요. 그런데, 그게 아니라고 하면서 계속 울길래 무슨 일인지 자초지종을 이야기하도록 했습니다. 어떤(실제로는 과목 이야기를 했지만 여기서는 어떤 과목으로 하고자 함.) 과목의 수행평가를 정말 열심히 잘해 냈는데, 결과는 10점 만점에 5점 최소한 9점 내지는 10점을 기대했는데, 5점을 받고 보니 원인이 무엇인지 알고 싶었다고 합니다. 선생님께 여쭈어본 결과 창의성 부족 및 조원과의 협조가 잘 안되었기 때문이라는 답을 들었다고 합니다. 그래서 창의성의 기준이 무엇인지 궁금했지만 여쭙지 못하고 그냥 왔다고 합니다."

대략 이런 내용이었다. 학부모의 불만은 아이가 5점을 받은 것보다 창의성의 기준이 무엇인지 알고 싶다는 것과 과제물로 부과했는데, 조원끼리 협조가 잘 되었는지 안 되었는지 선생님께서 어떻게 아시는지 모르겠다는 것이다. 평소의 학교생활에서 나타나는 아이들의 행동을 그대로 확대 해석한 것인지 모르겠다는 것이었다.

또한 그 학부모는 "그 선생님이 우리 아이를 미워하는 모양이다."라는 말을 남겼다. 담임교사로서 그렇지 않다는 것을 열심히 설명했지만, 왠지 찜찜한 기분은 사라지지 않았다.

김환희 선생님도 지적했듯이 수행평가의 기준이 명쾌하지 못한데 그 원인이 있다 하겠다. 즉, 창의성이라는 기준은 극히 주관적일 수밖에 없는 것이다. 수행평가를 과제로 부과하면 대체로 주변에서 도움을 받는 것으로 보아야 한다.

일단 과제물로 부과된 것부터가 공정한 평가를 저해하는 요인이 될 것이다. 말 그대로 수행평가이므로 학교에서 수업 시간을 이용하여 평가해야 할 것이다. 물론 시간적인 제약이 있긴 하겠지만….

위와 같은 경우 주변의 도움을 받았는지는 정확히 알 수 없지만, 학부모의 입장에서는 충분히 창의성이 높다고 판단했다는 것이다. 보는 사람마다 서로 다른 평가를 한다면 그것은 객관적인 평가로 보기 어렵다.

또 하나의 문제, 바로 조별 평가의 문제이다. 위의 경우도 마찬가지이지만 과학 교과의 예를 들면 바로 문제점이 나타난다. 즉, 과학과의 경우 수행평가를 할 때 보통 3~4명 또는 5~6명이 한 조를 이루게 된다. 대개는 실험을 수행하여 그 결과를 채점하게 되는데, 다른 과목에 비해 객관적인 평가가 가능하긴 하다. 그러나, 조별로 실험을 하기 때문에 조원 모두가 열심히 했다고 보기는 어렵지만, 실험보고서는 조원 모두가 거의 같게 작성이 된다.

이런 경우 실험 도중에 조원의 동태를 기록하지 못했다면 조원 모두에게 같은 점수를 부여할 수밖에 없는 것이다. 누가 더 열심히 했는지 정확히 알기 어렵다는 것이다.

수행평가의 취지 자체는 백번을 이야기해도 이론적으로는 옳다. 그러나 객관성, 공정성이 확보되어야만 그 취지가 살아날 수 있는 것이다. 아무리 평가의 기준을 제시한다고 해도 그 기준에 객관성이 결여되어 있다면 수행평가의 취지는 살릴 수 없는 것이다.

  수행평가는 평가의 다양성이 요구되는 만큼 교사, 학생, 학부모의 신뢰와 이해, 그리고 꾸준한 노력이 요구된다고 할 것이다.

〈칼럼〉　　　　　　　　　이창희 서울 강현중학교　등록 2005.06.20 10:45:00

교감은 없어도 된다?

　최근에 서울 시내 중등 교감, 교장 자격연수가 종료되었다. 예전에 비해서는 교사 출신의 교감, 교장 자격연수 대상자가 확대된 것으로 보인다. 향후 에는 교사 출신의 교감, 교장이 더 많이 임용될 것으로 기대된다.

　이 중 교장 자격연수 운영에 대한 문제점을 지적하고자 한다. 교감 자격연수는 오후에 실시되었다. 이는 연수대상자 중 교사들의 수업결손을 방지하기 위한 배려였다는 생각이다.

　그런데, 문제는 교장 자격연수이다. 교장 자격연수는 4월 25일부터 최근인 6월 17일까지 약 2개월여에 걸쳐서 실시되었다. 교감 연수와는 달리 전일제로 실시되었다. 약 2개월여 동안 교감이 없었던 학교들이 상당수 있었다.

　오후 연수 또는 방학 때 연수를 실시함이 마땅함에도 학기 중에 실시한 것은 명백히 잘못된 것이다. 학교에 교감은 그렇게 오랜 시간 자리를 비워도 되는 것인가. 오후에 연수를 실시한다면 오전에 학교에 와서 정상적으로 근무를 하고 연수 참여가 가능한 데도 전일제를 고집하는 이유를 알 수 없다.

　관계자에 따르면, "오후에 실시하여 저녁까지 연수가 계속되면 강사 섭외와 장소 섭외에 문제가 있다. 그것은 방학도 마찬가지이다. 또한, 연수생들이 오전 근무 후 연수를 받게 되면 개인적으로도 어려움이 있기 때문이다."라는 것이다.

　그렇다면 예전에는 방학 때 교장 연수를 실시한 적이 있었고, 지금도 방학 때 연수를 실시하기도 하는 것으로 알고 있다. 왜 그렇게 하지 못하는 것일까. 굳이 학기 중에 전일제로 연수를 실시할 이유가 없다고 본다. 또한 교감 자격연수는 오전 수업 후 오후에 연수에 참여하고 있다. 이는 형평성에도 문제가 있다고 본다. 교감 연수도 강사를 쓰면 전일제로 가능하지 않은가.

 이는 교육부와 시교육청에서 교감은 자리를 비워도 되고, 교사는 반드시 수업해야 한다는 사고가 자리를 잡고 있기 때문이라는 생각이 든다. 교감 연수는 수업을 꼭 해야 하기 때문에 오후에 연수를 실시하는 것으로밖에 볼 수 없다.

 수업에 충실하고 학생 지도 잘하는 교사를 우대해야 한다고 하면서 교장 자격연수는 전일제로, 교감 자격연수는 오후에 실시한다는 것은 수업 잘하는 교사를 결코 우대하는 것이 아니라고 본다.

 교감, 교장 자격연수 실시에 따른 방법을 좀 더 연구해야 할 것이다. 학교 교육활동에 조금이라도 걸림돌이 된다면 처음부터 다시 적절한 방안을 찾기 위한 노력을 해야 할 것이다.

〈칼럼〉　　　　　　　　이창희 서울 강현중학교 등록 2005.06.20 23:06:00

늦은 감이 있지만 일단은 환영

김진표 교육부총리와 교원단체 대표들은, 정부의 교원 평가안을 교육부 안대로 추진할 경우 교육 현장의 혼란이 초래된다고 판단, 정부와 교원 3단체, 학부모·시민단체 등 7개 단체가 참여하는 학교 교육력 제고를 위한 특별협의회를 구성해 협의하고, 실무협의를 오는 23일에 갖기로 했다고 한다.

때늦은 감이 있지만, 교원 평가제 도입을 유보한 것은 현장 교원의 한 사람으로 일단은 환영 의사를 표명하고자 한다. 앞으로 더 많은 연구와 노력, 그리고 합의가 필요하겠지만….

교원 평가를 밀어붙이기식, 여론몰이식으로 나가려던 교육부의 의식에서 교원들의 의견을 충분히 반영하는 쪽으로 선회한 것을 환영한다는 뜻이다.

이제는 교원의 전문성 제고와 자기계발을 통해 학교 교육력을 제고하고자 한 당초의 취지를 그대로 살리되 교원 평가에 앞서 선행조건을 해결하는 노력이 필요하다 할 것이다. 이 과정에서도 교원들의 의견을 충분히 반영하고 여건이 성숙되기를 기다리는 지혜가 필요하다 할 것이다.

협의회서 나왔던 교원정원 확충, 교원 양성·연수체제 개편, 교육여건 개선 등의 종합방안을 하루빨리 논의하여 조속히 정책을 마련해야 할 것이다. 예전의 교원 지방직화 문제처럼 잠잠해질 무렵에 또다시 이슈화시키는 태도는 바람직하지 않다고 본다.

현재 우리나라의 교육정책 추진에서 우선순위는 교원 평가가 아니다. 교원의 사기를 높이고 학생 교육에만 전념할 수 있는 분위기 조성이 더 시급하다. 또한 사회적으로 떨어진 교원의 위상을 높여주는 것도 교육부의 몫이다.

아무리 강조해도 지나침이 없는 말, 그것은 바로 "교육의 질은 교사의 질을 넘을 수 없다."라는 것이다. 어떤 방법을 동원해도 교원의 사기를 떨어뜨리는 정책은 결코 성공할 수 없다.

우리나라 모든 교원들은 열망한다. 학생 지도에만 전념할 수 있는 그날이 오기를….

〈칼럼〉   이창희 서울 강현중학교 등록 2005.06.23. 14:05:00

이상한 공문이라지만 현실은

이영관 교감선생님의 이상한 공문 이첩에 관한 기사때문에 e-리포터 방의 열기가 뜨겁군요. 이런 분위기에 편승해서 저도 한말씀 드리고자 합니다.

공문 내용을 보니, 제 입장에서 볼때는 그렇게 이상한 공문은 아닌듯 싶습니다. 제가 드리는 말씀은 지협적일 수도 있다는 것을 미리 밝히고 말씀을 드릴까 합니다.

우선 우리 학교의 경우를 말씀드리겠습니다. 행정실에 근무하는 모든 일반직 직원에게 이미 "선생님"이라고 부르고 있습니다. 교감선생님께서 지적하신 기사님은 그대로 "기사님"으로 부르고 있습니다. 다만, 행정실 직원에게만은 "선생님"으로 부르고 있습니다. 제가 교직에 들어왔을 때부터 그렇게 불러 왔습니다. 저 뿐 아니라 모든 교원들이 다 그렇게 부르고 있습니다.

또한 교육청의 일반직(예를 들면 지역교육청의 정보화 담당 공무원은 모두 일반직입니다. 기능직도 있고 전산직도 있습니다.)에게도 모두 "선생님"의 호칭을 쓰고 있습니다. 일선학교에서 전화를 걸었을 경우 "아무개 선생님 좀 부탁합니다."라고 합니다.

예전에 일반적으로 신문에 기사를 쓸 경우나 기타 인쇄물에 "교사"라는 호칭을 "선생님"으로 바꾸면 어떨까 하는 교총의 의견조사가 있었습니다. 저는 이것을 반대했습니다. 이유는 사실 선생님이라는 호칭은 너무 흔한 호칭이 되어 버렸습니다. 길을가다가 외판원을 만나거나 교회에 나오라고 하시는 분들을 만나면 그들은 저에게 "선생님"이라고 부릅니다. 즉, 잘 모르는 사람을 호칭할 때 흔히 쓰는 말이 선생님인 것입니다.

그래서 우리 스스로 권위를 떨어뜨린다고 생각되어 "선생님"이라는 호칭을 반대했습니다. 차라리 "교사"라고 부르는 것이 더 좋다고 생각했습니다.

대전교육청의 관계자분께서 말씀하셨듯이, 선생님을 이제는 "스승님"으로 바꾸는 노력을 해야 한다고 생각합니다. 일반직 공무원들을 선생님으로 부르는 것에 대하여 그렇게까지 심각하게 받아들일 필요는 없다고 봅니다. 이미 선생님이란 호칭이 널리 퍼져 있기 때문입니다.

〈현장소식〉   이창희 서울 강현중학교 등록 2005.06.23 17:10:00

여름, 교무실이 붐비는 까닭은

요즘 들어 부쩍 더운 날씨로 학생들은 물론, 교사들도 정상적으로 수업을 진행하기에 많은 어려움을 겪고 있다. 보통 바깥의 기온이 28도이면 교실 안의 온도는 33~4도는 족히 되기 때문이다.

이런 상황에서 수업을 받고 있는 학생이나 수업을 진행하고 있는 교사 모두 더위에 지치게 마련이다. 그나마 교무실에는 대체로 냉방시설이 되어 있어서 교사들은 학생들에 비해서는 그래도 사정이 좋은 편이다.

이런 현실이 지속되다 보니, 교무실은 때아니게 학생들로 붐비게 된다. 쉬는 시간은 물론, 점심시간이 되면 교무실은 많은 학생들이 출입한다.

사정은 이렇다. 교실이 더우니까 교무실로 찾아드는 것이다. 그나마 용무나 핑계로 내세울 것이 있는 학생들은 다행이지만, 그렇지 않은 경우는 교무실 출입도 자유롭지 못하다.

그렇더라도 학생들은 어떤 핑계를 대든지 교무실로 모여든다. 조금이라도 시원한 곳을 찾기 위함이다. 평소에 하지않던 상담을 한다고 찾아오기도 하고, 이미 알고 있는 것들을 다시 확인하러 찾아오기도 한다.

우리 학생들을 보면서 두 가지 생각을 하게 된다. 첫째는 예전 같으면 아무리 더워도 교무실로 모여드는 경우가 거의 없었다는 것, 둘째는 요즈음 학생들의 수준을 맞추기 위해서는 각 학교 교실에도 냉방시설이 갖춰져야 한다. 라는 것이다.

시대가 변하고 학생들도 예전처럼 잘 참아내지 못하는 것 같다. 이제는 학생들의 눈높이에 맞춰 학교 환경도 개선되어야 할 때가 아닌가 싶다.

<칼럼> 이창희 서울 강현중학교 등록 2005.06.24 00:49:00

학교장 수난시대?

이 기사는 최근에 리포터가 직·간접적으로 수집한 내용을 정리한 것이다. 즉 학교장으로부터 직접 들은 이야기와 간접적으로 전해 들은 이야기 등을 정리한 것이다.

작년 2학기쯤에 서울 K중학교의 한 교장은 어이없는 일을 당했다. 이 학교의 모 교사가 초과 수업 수당을 주당 21시간 초과에서 20시간 초과로 하자고 교장실에 와서 강력하게 이야기하더라는 것이다. 그는 교사들이 고생하는 만큼 보상을 해야 한다면서 20시간으로 하는 것을 꼭 관철해야 하겠다고 했다. 그래서 "올해는 이미 예산이 정해졌기 때문에 내년에 가서 검토해 보자. 내년에는 예산을 꼭 확보해서 그렇게 하도록 하겠다."고 했더니, 그 교사가 올해부터 당장 해야 한다고 주장을 굽히지 않았다. 그래서 교장이 어쨌든 올해는 예산이 없어서 "절대로 안된다."라고 했다는 것이다.

"절대로 안된다."라고 한 것이 문제가 된 것이다. 그 교사가 해당 교육청의 홈페이지에 "독선적인 교장, 비민주적인 교장"이라고 비난의 글과 함께 그 내용을 올렸다는 것이다. 그로 인해 교육청에 해명하느라 진땀을 뺐다는 것이다.

또 다른 학교에서는 올해 기존의 급식업체와 계약이 만료되어 새로 선정하기 위한 "급식위원회"를 구성했다고 한다. 학교운영위원회 위원들을 중심으로 구성했는데, 급식업체들 사이에서 "그 학교는 이미 교장에 의해 업체가 내정되어 있다."라는 전혀 근거 없는 소문을 퍼뜨리고 다니더라는 것이다. 그 학교의 급식위원인 모 교사는 "아무리 따져보고 생각해 보아도 그런 일은 절대로 있을 수 없는데, 왜 그런 소문이 업체들 사이에서 나왔는지 모르겠다. 실제로는 20개 이상의 업체에서 입찰을 했다. 아마도 업체들끼리 서로 입찰을 적게 하도록 하기 위한 수단이 아니었나 생각된다."라고 평했다. 나중에는 근거 없는 소문임이 밝혀졌지만, 그로 인해 학교와 학교장의 마음고생이 심했었다는 것이다.

그밖에 일선 학교에서는 사소한 문제가 발생하더라도 학부모들이 직접 교장실로 전화를 하거나 교장을 직접 만나는 경우가 허다하다. 학교에 방문해도 담임교사를 만나지 않고 직접 교장을 상대하는 것이다. "사소한 문제이기 때문에 학교장이 잘 모르는 경우도 있는데, 무조건 교장만 찾는 것은 납득이 되지 않는다."는 것이 교사들의 의견이다.

위의 경우 외에도 막연하게 교장이 무슨 비리를 저지르는 것처럼 오해하는 경우도 상당수 있다는 것이다. 요즈음에 어디 교장이 비리를 저지를래야 저지를 수 있는가. 어떤 교장이 자기의 신분을 담보로 비리를 저지를까 싶다. 예전의 교장을 현재도 그대로 같은 시각으로 보기 때문이 아닌가 싶다.

현재의 학교는 구성원들 모두의 합의에 의해 경영되고 있다. 교장의 독선적인 태도는 거의 찾아보기 어렵다. 그만큼 교장의 권한은 거의 없다. 학교가 민주화되면서 지나치게 민주화가 강조되기 때문이다.

이대로 가다가는 학교장이 소신이나 교육적 철학을 펼치지 못할까 염려스럽다. 물론 자질이 부족한 교장이 일부 있을 수 있지만, 교장은 학교의 경영자이다. 교장에 대한 평가가 외부에서도 좋지 않게 내려지고 있다는 것은 염려스러운 일이 아닐 수 없다.

학교장에게 힘을 불어 넣어 줄 수 있는 방안 마련을 위한 연구가 필요하다 할 것이다.

〈칼럼〉　　　　　　　　　이창희 서울 강현중학교　등록 2005.06.25 18:43:00

부적격교사 퇴출, 신중한 접근을

부적격 교사를 처리하기 위한 방안을 논의하게 된 배경은 객관성이 없는 교원 평가제를 통해 수업 능력이 떨어지는 교사를 선별, 교직에서 배제하거나 구조조정 용도로 활용할 것이라고 교원들이 우려하는 데 따른 대안이다.

어떤 조직이든지 부적격 조직원은 생존하기 어려운 것이 현실이다. 그러한 부적격 조직원을 찾아서 조직에서 격리 시키는 장치를 마련해 두었기 때문이다.

그러나 부적격에 대한 기준 마련에는 어떤 조직이든지 적지 않은 진통을 겪었을 것이고, 그 기준에 대한 논란은 앞으로도 지속될 것이다. 이에 대한 논란의 여지는 부적격 교사를 찾아내어 처리하는 방법에 있어서도 예외가 되지 않을 것이다.

어떠한 기준을 만들어 적용한다고 해도 모두가 인정하기 어려울 것이다. 언론의 보도를 참조하면 부적격 교사는 "촌지 등 금품수수, 과도한 체벌 등 폭력행사, 상습도박·성폭력 등 비도덕적·비윤리적 행위, 성적 조작 등 명백한 비리 및 범법행위를 저질렀거나 정신적·신체적 질환으로 교직 업무 수행이 현저히 어렵다고 판단되는 교사"로 이들은 심사를 통해 교단에서 퇴출하는 것으로 되어 있다. 여기에 강의 능력이 떨어지는 "무능력 교사"는 퇴출 대신 연수 등 재교육을 받게 될 것으로 보인다.

부적격에 대한 기준은 어느 정도 객관성이 있는 것으로 보인다. 그렇더라도 이의 적용에 있어서 단 한 명의 교사라도 피해를 보는 일이 없도록 해야 할 것이다. 퇴출당한다는 것은 본인에게는 돌이킬 수 없는 아픔을 동반하기 때문이다. 명백한 범법행위가 아닌 다음에는 다양한 루트를 통해 객관성을 높일 수 있는 심사가 이루어져야 할 것이다.

강의 능력이 떨어지는 무능력 교사는 연수를 시킨다지만, 우리 정서로 볼 때, 연수보다는 자연 퇴출의 가능성이 더 높다. 일단 무능력 판정을 받으면 그 교사가 다시 설 자리가 쉽게 확보되기 어렵기 때문이다. 어찌 보면 무능력 교사와 관련된 조치는 도리어 교원 평가보다 더 과도한 제도가 될 수 있다는 생각이다.

결과적으로 부적격과 무능력에 대한 객관성을 반드시 높인 다음 시행에 들어가야 한다. 뜬구름 잡기식의 제도 시행은 교육을 혼란스럽게 하고 서로의 불신만을 증가시키는 결과를 가져올 것이 뻔하기 때문이다.

시행 시기를 미리 정해놓고 시기를 맞추기보다는 좀 더 장기적인 검토와 정착이 필요하다.

〈칼럼〉　　　　　　　　이창희 서울 강현중학교 등록 2005.06.29. 09:40:00

장마는 시작 됐는데….

　본격적인 장마철로 접어들었다는 기상대의 발표가 있었다. 매년 이맘때쯤이면 남쪽의 무더운 공기와 북쪽의 차가운 공기가 만나면서 형성되는 것이 장마전선이다. 올해도 예외 없이 장마는 시작되었다.

　장마가 시작되면 농촌은 물론 도심의 상습 침수 지역들이 어려움을 겪게 된다. 사전에 충분한 준비가 이루어진다면 피해를 감소시킬 수 있을 것이다. 그런데도 사전 준비를 소홀히 하는 경우가 많아 소를 잃고 외양간 고치기 식의 대책이 많다.

　학교도 예외가 될 수 없다. 저지대에 위치한 학교들은 항상 장맛비에 대한 피해 예방에 노력하게 된나. 또 학교는 수해가 발생하면 이재민(罹災民)의 대피장소로도 이용되기 때문에 더욱더 철저한 예방책이 필요하다.

　그런데 이런 대책보다 더욱더 심각한 것을 당국에서는 간과하고 있는 것이 있다. 바로 학교의 운동장 문제이다. 날씨가 건조하면 심한 먼지 발생으로 학생은 물론 교사들의 건강에 상당한 악영향을 주게 된다.

　요즈음 같이 장마가 시작되면 잘 빠지지 않는 빗물 때문에 곤욕을 치르게 된다. 애초부터 배수시설이 제대로 되지 않은 탓이다. 학교의 운동장은 체육 시간에 학생들의 교실이다. 이런 교실이 장마가 지속되면서 물에 잠겨 버리게 된다. 내린 비가 완전히 빠져나가려면 적어도 이틀 이상의 시간이 필요하게 된다. 아마도 전국의 대부분 학교가 같은 사정일 것이다.

　비가 내리는 날에는 어쩔 수 없이 교실에서 수업을 진행한다고 해도 비가 그친 후에는 운동장에서 수업이 진행되어야 한다. 그러나 오랫동안 잘 빠지지 않는 빗물은 체육 수업을 방해하게 된다.

특히 체육 교사들은 교실에서의 수업이 익숙하지 않아 운동장 상태가 좋아지기만을 기다리게 되는 것이다. K중학교 K교사(42세, 남)는 "운동장은 우리 체육 교사들의 교실인데, 비가 조금만 와도 물이 잘 안 빠져 고생이고, 날이 좀 건조하면 먼지 마시는 것이 일상"이라고 지적하면서 "사소한 것 같지만 교육 당국의 의식 전환이 매우 필요하다. 큰 예산을 들이지 않더라도 배수 문제와 먼지 발생 문제를 근본적으로 해 할 수 있을 것이다."라는 의견을 밝혔다.

이 학교 Y교사(40세)는 "체육관이 있는 학교는 사정이 좋지만, 그렇지 않은 학교는 문제가 많다. 전반적인 배수 문제와 스프링 쿨러 등 먼지 발생 방지책을 세워야 한다. 교육 당국의 성의 있는 노력이 필요하다."라는 의견을 밝혔다.

체육 시간의 교실, 바로 운동장이다. 운동장 사정을 좀 더 개선하여 질적인 학교 체육 수업이 이루어지도록 당국의 노력을 기대해 본다.

〈칼럼〉　　　　　　　　　　이창희 서울 강현중학교　등록 2005.06.29 09:24:00

어느 방법이 옳은 방법인지

　일선 학교에서 학생 관련 사안이 생기면 교칙에 따라 징계를 내리게 된다. 그러나 징계받기를 꺼리는 학부모가 있을 경우는 차선책으로 그 학생의 전학을 권유하게 된다. 이러면 학생은 징계라는 것을 모면해서 좋고, 학교는 골치 아픈 학생이 전학을 가기 때문에 그리 나쁘게 받아들이지 않게 된다.

　그런데, 그렇게 전학을 간 학생의 경우 새로운 학교에서 쉽게 적응해서 바른 학교생활을 이어가면 다행인데, 그렇지 않은 경우가 상당히 많다. 특히 사안 관련 전학생의 경우는 학생 자신이 주변 학생들에게 전출 학교에서 있었던 일들을 조금 부풀려서 이야기하게 된다. 그래야 새로 전입한 학교의 학생들이 얕잡아 보지 않기 때문이다.

　그러다 보면 자연스럽게 그 학교의 비슷한 학생들과 어울려 결국은 또 다른 사안을 발생시키게 된다. 징계를 면하기 위해 전학을 갔지만 새롭게 시작하지 못하고 도리어 더 큰 사안을 저지르고 마는 결과를 낳게 되는 것이다. 그제서야 그 학생의 전학이 잘못되었다는 것을 학부모들이 인지하지만 이미 때는 늦게 되는 것이다.

　물론 모든 학생에게 해당하는 것은 아니다. 일부는 전학을 가서 새롭게 학교생활에 잘 적응하는 경우도 있긴 하다. 그러나 그렇지 못한 경우가 대부분이라는 데에 문제가 있는 것이다.

　어찌 보면 환경을 바꿔서 학생들을 지도한다는 것이 결코 잘못된 것은 아니다. 다만 전학을 학부모가 원한다고 해서 무작정 보내는 것은 옳지 않다는 것이다. 학생에 대해서 더 잘 알고 있는 학교의 교사들이 판단을 잘해야 한다는 것이다. 학생에 대한 학교생활은 학부모보다 교사가 더 잘 알고 있기 때문이다.

"해당 학생이 실제로 전학을 가면 잘 적응할 수 있을까."라는 것을 깊이 고민해야 할 것이다.

전학을 보내고 보낸 학교는 또 받고, 그렇게 하는 것보다는 원래 학교에서 최선을 다해 지도하는 것을 우선시해야 한다는 뜻이다. 학교에서 해야 할 일은 전학을 보내는 것보다 학생을 잘 지도하는 것이기 때문이다.

〈칼럼〉　이창희 서울 강현중학교　등록 2005.07.02 10:07:00

전면 주5일 근무제 실시와 학교

7월 1일부터 공무원에 대한 주5일 근무제의 전면 실시가 시작되었다. 작년부터 실시해 온 월 2회 주5일 근무제가 전면 확대 시행되는 것이다.

공무원 중에서 교원과 경찰 등 특수한 업무를 수행하는 직종은 전면 실시에서 제외된 상태이다. 이들의 주5일 근무제는 향후 추이에 따라서 확대 실시될 것으로 보인다.

학교에는 교원과 일반직 공무원이 있다. 그런데, 일반직 공무원은 이번의 주5일 근무제를 전면 실시하는 공무원에 해당이 된다. 따라서 학교에서는 행정실은 주5일 근무제 전면 실시, 교원은 현재와 같이 월 1회 토요휴업일에만 휴무하게 되는 부적절한 구조가 상당 기간 지속되게 되었다.

행정실의 일반직 공무원의 경우는 학교 실정에 맞게 실시하라는 단서가 있지만, 주 40시간 이상의 근무 시간에 대해서는 평일 휴무 등의 보상을 하도록 되어 있다. 이들뿐 아니라 시·도 교육청의 모든 공무원(전문직, 일반직)도 이번의 전면 시행에 해당 되어 토요일에 휴무하게 되었다.

여기서 왜 교원은 안 하는 전면 주5일 근무제를 일반식 공무원만 실시하느냐를 따지고 싶지는 않다. 다만 이런 구조에서 과연 학교의 교육활동이 제대로 이루어질 수 있느냐 하는 것이다.

다만 이러한 제도 시행에서 모순점이 명백하기 때문에 학교 교육활동의 위축이 우려된다는 것이다. 즉, 학교에서 교원들은 수업을 진행하는데, 행정실은 휴무하게 되고, 교육청 역시 휴무를 하게 된다는 것이다. 토요일에는 교육활동을 지원할 수 있는 인력이 학교에 존재하지 않게 되므로 모든 업무를 교원들이다 수행해야 한다는 것이다.

만일 토요일에 행정실이 휴무한다면 민원 업무처리 등도 모두 교원들의 몫이 되는 것이다. 물론, 50% 정도의 일반직 공무원들이 근무하는 경우가 많겠지만, 그래도 문제는 상존 하게 된다.

이러한 현상은 일반행정기관에서는 상상하기 어려운 경우이다. 만일 도청이나 시청이 휴무하는데 동사무소만 근무한다면 업무수행이 제대로 될 수 있겠는가.

학교에서는 학생들과 교원들이 원활한 교육활동을 해야 한다. 그렇게 하기 위해서는 행정실의 절대적인 도움이 필요한 것이다.

자칫 주5일 근무제 시행에 따른 교육활동의 공백이 생기지 않을까 염려스럽다.

<칼럼>　　　　　　　　　　이창희 서울 강현중학교 등록 2005.07.03 23:25:00

수업 준비하기 위한 시간 확보가 필요하다.

교사의 잡무가 문제가 된 것은 어제오늘 일이 아니다. 이러한 잡무를 줄이기 위해 그동안 교원의 직무와 관련된 연구가 많았다. 특히, 이와 관련된 정책연구들도 여러 번 이루어진 것으로 알고 있다.

연구 결과는 매우 이상적이다. 교원의 수업 준비시간 확보와 학생 지도 시간 확보를 위해 잡무를 획기적으로 줄여야 한다는 것이 대체로 내려진 결론들이다. 그럼에도 현장에서는 개선되고 있다는 것을 몸으로 느낄 수 없는 안타까운 현실이다.

교원의 잡무 증가를 부추기는 것들은 여러 가지가 있다. 그중에서도 학교 내에 설치된 각종 위원회 역시 잡무를 부추기는 것이 많다. 잡무를 부추기기 때문에 교사의 수업 활동 관련 시간은 그만큼 줄어들게 된다.

학교에는 성적관리위원회, 인사자문위원회, 정보공개심의위원회, 선도위원회, 교육과정위원회, 기자재선정위원회, 교과협의회, 부별협의회 등 헤아리기 어려울 정도로 각종 위원회가 설치되어 있다. 거기에 자생적으로 이루어지는 학교 내 상조회도 있다.

각종 위원회에서 결정해야 할 일이 생기면 그 회의를 주관하는 담당자는 더 어려운 곤욕을 치르게 된다. 학교를 가만히 들여다보면 각종 위원회의 천국이라는 느낌이 든다.

그렇다면 이러한 위원회를 꼭 필요한 것만 두고 나머지는 폐지하면 될 것이라고 생각할 것이다. 그러나 그것이 생각처럼 쉽지 않다는 데 문제가 있다. 즉, 교육청 등에서 종합장학 등을 실시하게 되면 각종 위원회 설치 여부를 확인한다.

만일 설치가 되지 않았으면 시정 사항으로 권고하게 된다. 또한 학교평가가 이루어질 때도 각종 위원회 설치에 따라 점수가 달라지게 된다. 결국 학교에서는 꼭 필요하지 않은 위원회까지도 설치하고 운영해야 한다.

교사의 주된 업무는 수업이다. 행정 중심의 업무를 처리하기 위해 있는 것이 아니다. 각 학교에 행정요원들을 단 한 명이라도 배치해 준다면 교원의 잡무는 훨씬 줄어들 것이다. 학교 실정에 맞게 현실에 맞는 위원회 설치 등도 고려해 볼 때가 아닌가 싶다.

〈칼럼〉　　　　　　　　　　　이창희 서울 강현중학교　등록 2005.07.03 14:50:00

목소리가 커야 이긴다?

교육은 한 나라의 미래를 결정하는 중요한 역할을 한다. 특히 아직 미완성인 어린이와 청소년을 대상으로 하는 초·중등 교육은 더없이 중요한 역할을 하게 된다.

이렇게 중요한 교육을 수행하는 것은 두말할 필요 없이 일선학교 교원의 몫이다. 그들의 사명감과 노력에 따라 결과는 엄청나게 달라질 수 있기 때문이다.

따라서 이들을 상대로 하는 교육정책은 신중에 신중을 기하여 결정되고 실행되어야 한다. 그것이 교육 발전을 위한 기초공사라고 본다. 기초가 부실한 건물이 금방 무너지듯이 기초가 부실한 정책은 부작용이 바로 나타나게 된다.

그런데, 최근의 교육정책은 어찌 된 영문인지 정확한 근거 없이 주먹구구식으로 결정되는 것들이 많아지고 있다. 특히, 이번의 교원 평가 문제는 신중하지 못했다는 것을 단적으로 보여주는 좋은 예라 하겠다.

꼭 잘못된 정책에 대하여 이해 당사자들이 단합하여 한 목소리를 내야만이 제고되는 현실이 안타깝다. 목소리가 커야 뭔가 이루어진다는 것이 진리처럼 된 것이 우리나라 교육정책인 것이다. 마치 교통사고 현장에서 목소리 큰 운전자가 이기는 것과 같다는 생각이다. 목소리가 커지기 전에 좀 더 신중한 대응이 필요한 것이다.

이미 지난 이야기지만 NEIS 문제도 그렇게 고집스럽게 버티던 교육부가 결국은 교원들의 목소리가 커지자 슬그머니 보류했었다. 신중하지 못하게 정책이 입안되고 목소리가 커지면 접는 그런 식의 교육정책은 우리나라 교육 발전에 전혀 도움이 되지 않는다.

모든 정책에 대하여 사전에 의견을 충분히 수렴하고 그 이견을 조율하여 실패하지 않는 정책을 꾸려가는 지혜가 필요하다 할 것이다. 한 나라의 미래는 교육이 짊어지고 나가기 때문이다.

〈칼럼〉　　　　　　　　이창희 서울 강현중학교　등록 2005.07.05. 22:21:00

학교 시험 문제도 저작물 아닌가?

요즈음이 중·고등학교에서는 기말고사를 한창 실시할 시기이다. 기말고사가 끝나면 학교가 대체로 여름방학에 돌입하게 된다.

기말고사를 준비하는 학생들이 가지고 있는 문제집을 보다가 깜짝 놀랐다. 어디선가 많이 본 듯한 문제를 풀고 있었다. 알고 보니 학원에서 기말고사 대비로 문제집을 만들어 준 것을 풀고 있는 것이었다.

그런데, 그것을 자세히 보니 예년에 리포터가 출제했던 문제가 상당수 나와 있는 것이었다. '기출문제'라는 표시와 함께 학교명도 나와 있었다. 우리 학교 문제뿐 아니라 인근의 중학교 문제가 상당수 함께 포함되어 있었다.

처음에는 아무 생각 없이 지나갔으나 곰곰이 생각해 보니, 시험에 출제했던 문제를 학원에 가져다준 일이 없었을 뿐 아니라, 그 문제를 학원생들에게 배포하라고 한 적은 더더욱 없었다. 그럼에도 예전에 출제했던 문제들이 학원가에 나돌고 있는 것이다.

리포터의 과목만 그런 것이 아니다. 다른 과목도 사정은 비슷하다고 학생들은 말한다. 그 문제를 더 열심히 공부한다는 것이다. 혹시 다시 출제되지 않을까 해서이다.

어떻게 보면 기출문제도 교사의 저작물에 해당한다. 그런데 해당 교사의 동의 없이 학원에서 문제가 배포된다는 것은 옳지 않다는 생각이 든다. 물론, 그 문제를 우리 학교 학생들만 접한다면 다행이지만, 다른 학교 학생들에게까지 배포되는 것은 분명 문제가 있다고 본다.

다른 저작물을 저자의 동의 없이 배포하면 처벌을 받는 것으로 알고 있다. 그런데 학교의 시험 문제는 아무런 여과 없이 그대로 배포되고 있는 것이다.

정확히는 모르겠지만 법적인 하자가 있는 것이 아닌가 싶다. 이에 대한 대책이 필요하다고 본다.

〈칼럼〉　　　　　　　　　　이창희 서울 강현중학교 등록 2005.07.06 09:03:00

인권위 결정은 시대에 뒤진 결정

학교에서 학생들의 머리 모양을 규제하는 것이 인권침해라고 국가인권위원회가 규정했다. 아마도 지나치게 규제하는 것이 인권침해라는 뜻으로 해석하고 싶다. 머리를 규제하는 자체가 인권침해라는 뜻은 아닐 것이다.

또한 "학생 두발 관련 학칙을 마련할 때는 학생들의 의견을 반영하라"고 권고하였다. 그런데 이미 상당수의 학교에서는 두발규정을 일방적으로 교사들의 의견만으로 결정하지 않았다. 벌써 수년 전부터 학생 대표들을 회의에 함께 참여시켜 의견을 듣고 반영하고 있다.

학생들뿐 아니다. 학부모 대표들의 의견도 함께 듣고 반영하고 있다. 예전의 두발규정과 요즈음의 두발규정을 비교해 보면 확실히 개선되었다는 것을 알 수 있다. 그런데도 국가인권위원회에서 권고한 "학생들의 의견을 반영하라"는 것은 시대에 한참 뒤떨어진 권고이다.

두발규정뿐 아니다. 졸업 앨범 업체 선정 등에도 학생들의 의견이 반영된 지 이미 오래다. 학생회장이 대표로 회의에 참석하는 경우가 많다.

이미 인권위에서 인권침해로 결정이 난 이상, 학교에서도 그동안의 두발규정을 새롭게 고칠 필요성은 있다. 현재 필자가 근무하는 학교도 이미 두발규정 개정 작업에 착수하였다. 3년 전에 이미 자율화 쪽으로 개정된 상태이다. 거의 제한을 두지 않고 있는 규정임에도 또다시 개정할 것으로 보인다.

두발 관련 규정을 개정하는 것이 시대적 흐름이라고는 하지만, 규제하지 않기 위해 있는 규정은 필요가 없다고 본다. 그냥 "자유롭게 하라"고 하면 그만일 것이다. 학생들의 요구를 그대로 받아들인다면 특별히 두발규정을 둘 필요가 없다는 것이다. 개정이 아닌 '폐지'로 가야 맞다는 것이다.

따라서, 인권위의 결정을 "지나친 규제와 강제로 머리를 자르는 일"로 확대 해석하고 싶은 것이다. 적당한 규제는 필요하다. 이것은 학생들을 위한 것이지 교사들을 위한 것이 아니다. 학생의 머리가 짧다고 해서 학교 공부가 잘되는 것은 아니겠지만, 머리를 기른다고 해서 공부가 잘되는 것은 더더욱 아닐 것이다.

일선 학교에서는 인권침해 소지가 있는 부분을 개정해야 할 것이고 학생들은 자신들의 의견이 포함된 규정을 잘 지킬 수 있는 지혜의 발휘가 필요하다 할 것이다.

〈칼럼〉　　　　　　　　이창희 서울 강현중학교 등록 2005.07.06 19:48:00

사교육은 불패인가?

시험 때만 되면 학생들이 공통으로 나누는 이야기가 있다. "어제 학원에서 밤 10시까지 공부하고 왔다.", "나는 밤 11시까지 공부하고 왔다."라는 이야기들이다.

또한, "이번에 ○○과목 성적 올리지 못하면 △대 맞아야 한다. 우리 부모님도 거기에 동의했다."라는 이야기를 공공연히 한다. 그래서 시험을 잘 보아야 하고 그렇기 때문에 학원에서 밤늦도록 공부하고 온다는 것이다.

학교에서는 성적을 가지고 학생들에게 체벌을 가하는 일은 거의 없다. 특히 성적이 하락했다고 해서 체벌을 가하는 일은 더더욱 없다. 그런데 학원에서는 학생들에게 체벌을 가하는 경우가 많은 모양이다.

얼마 전 한 학부모와의 전화 통화 내용이다. "우리 아이가 도통 집에서는 공부를 안합니다. 학교에서는 어떻습니까?", "학교에서는 수업 시간에 잘 듣고 발표도 잘합니다. 너무 염려하지 마십시오.", 약간은 안심하는 듯했지만, 그 학부모는 "그래도 학원을 보내니까 그만큼 하는 것 같아요. 그리고 학원에 보내면 마음이 놓이는데, 학교 보내면 마음이 왜 안 놓이는지 모르겠어요."

학원을 보내면 마음이 놓이는데, 학교에 보내면 마음이 안 놓인다니, 이것이 웬 말인가 싶었다. "어디까지나 학원은 학교 공부를 보조하는 곳이지 전적으로 학생들을 맡아서 지도하는 곳은 아닙니다. 학원 안 보내고 학교만 다니는 아이들이 우리 학교에는 훨씬 더 많습니다. 꼭 학원을 다니는 것이 좋은 것은 아닙니다." 얼떨결에 이렇게 대답하였다.

이것은 학교 교육의 불신에도 원인이 있겠지만, 필자는 이렇게 보고 싶다.

학부모들이 "사교육 불패(私敎育 不敗)" 즉, 사교육을 시키면 최소한 손해는 보지 않는다는 인식을 가지고 있기 때문이다.

앞으로는 "공교육 불패(公敎育不敗)"라는 단어를 학부모들이 신뢰하도록 해야 한다. 그것은 순전히 우리 교사들의 몫이다. 그렇게 하기 위해서는 교사들의 노력과 함께 교육 당국의 적극적인 지원이 필요하다 할 것이다.

〈칼럼〉 이창희 서울 강현중학교 등록 2005.07.10 09:17:00

수행평가에 이런 문제도….

이번 기말고사에서 우리 학교는 예기치 않은 문제로 성적관리위원회 소집 및 교과협의회 소집을 하게 되었다. 그 사정은 이렇다.

6월 이후에 각 학급에 전입해 온 학생들이 10여 명이다. 6월 초에 전입한 학생들도 있고, 7월 초 즉 기말고사 바로 전에 전입한 학생도 있다. 요즈음에는 일단 학생이 먼저 전입해 오고 그 학생에 대한 서류는 전입교에서 전출 교에 요청하게 된다. 요청에서 서류를 받아보기까지는 그 기간이 대략 1주일 정도 걸린다. 지방에서 오는 경우는 그보다 더 많이 걸리게 된다.

물론 각 학교에서 NEIS를 사용한다면 그 처리가 바로 이루어지지만, 서울 시내에는 NEIS를 사용하는 학교가 그리 많은 편이 아니다.

사정이야 어찌 되었든 이 학생들의 수행평가 때문에 어려움을 겪게 된다. 즉, 전출교에서 서류가 도착하는 데에 시간이 걸리는 것도 문제이지만 이 학생이 해당 과목의 수행평가를 실시하지 않은 경우 전입교에서 교과 담당 교사가 해당 학생들을 데려다가 나름대로의 수행평가를 실시해야 한다. 또는 중간고사 성적이 있는 경우는 그 성적에 준해서 전입교에 알맞게 환산하여 반영하게 된다.

그런데 문제는 중간고사 때 수행평가가 없었고 전출교에서 기말고사 수행평가를 실시하지 않은 경우이다. 전입교에서 그 학생에게 새롭게 수행평가 과제를 부여하여 평가를 실시하는 일이 여간 곤혹스럽지 않다. 교사는 물론 해당 학생도 매우 어려움을 겪게 된다. 갑작스러운 수행평가를 1~2일 만에 모든 과목에 걸쳐 실시해야 하기 때문이다.

이로 인하여 우리 학교에서는 성적관리위원회와 교과협의회를 실시하여 전입생에 관한 규정을 다시 한번 확인하고 일관성을 갖도록 하였다. 결국은 위와 같은 방법으로 수행평가를 했지만, 기말시험이 임박해서 전입해 온 학생들은 전출교에 빨리 서류를 보내도록 재촉하고 있다.

그 결과를 받았을 때 다행히 기록이 있으면 좋지만, 그렇지 않은 경우는 1학기 말 성적 통보가 늦어지는 것은 피할 수 없게 되었다. 학교에서 자체적으로 해결하는 것이 옳은 방법이긴 하지만 이로인해 성적관리위원회를 열고 교과협의회를 열고 수행평가가 교사의 업무 가중은 물론 객관성 시비를 가져오는 애물단지 신세로 전락하고 있다.

좀 더 합리적인 대안은 없을까.

〈칼럼〉   이창희 서울 강현중학교 등록 2005.07.11 16:06:00

요즘 아이들… 그래도…

시험이 끝나던 날, 아이들 몇 명이 찾아왔다. 그것도 매우 밝은 얼굴로…

"시험을 잘 본 모양이구나. 아니면 무슨 좋은 일이라도…", "아니요. 시험은 그럭저럭 봤지만 만족하지 못해요. 다음에 더 잘 봐야지요.", "그럼 시험말고 뭐 좋은 일이라도 있는 모양이구나.", "선생님 무슨 일인지 맞춰 보세요?", "글쎄, ???"

"선생님, 전에 코요테 좋아한다고 하셨었죠? 오늘 우리 아이 콘서트 보러가요. 거기에 코요테도 온다고 해서…", "그러니. 그런데 선생님 한테는 왜?", "왜 옛날에 그러셨잖아요. 나중에 혹시 코요테 보면 사인 좀 받아오라고… 그것이 아직도 유효한지 궁금해서요.", "그럼, 유효하지.", "사인 받을 수 있을지 모르지만, 노력해 볼께요."

그제서야 조금 감이 잡혔다. 요즈음 아이들이 좋아하는 가수나 노래를 모르면 도통 대화가 되지 않길래, 우리 큰 녀석한테 조금 코치를 받아서 대충은 요즈음 가수와 노래를 알아 두었지만, 그것이 한참 전이라서 이미 시대에 좀 뒤떨어진 것 같다는 생각을 하고 있던 터였다.

아이들과 대화하면서 쥬얼리, 별, 신화 등등을 아는 척하면 이이들이 "선생님 정말 대단하시네요"라는 말을 듣곤 했었다.

하루 전까지만 해도 시험 때문에 울상이 되기 일쑤였고, 밤늦게까지 학원에서 공부하느라고 피곤하다는 이야기를 수도 없이 하던 아이들이었다. 그런데, 시험이 끝나자마자 언제 힘들고 피곤했었느냐는 듯이 콘서트 관람을 간다는 것이다. 그것도 매우 밝은 모습으로….

어찌 보면 아이들이니까 가능한 이야기 일지도 모른다. 그러나 아이들이 그렇게 기분을 쉽게 전환할 수 있다는 것에 놀라지 않을 수 없었다.

요즈음 아이들에게 정서고 뭐고 없다고 인식하고 살아가는 기성세대들이지만 이런 아이들을 보면서 조금은 인식을 바꿔 보는 것도 나쁘지 않다는 생각이다. 매일 학원 가서 공부하느라 스트레스 많이 받고 공부로 인한 압박감을 가진 것 같았는데, 꼭 그렇지만은 않다는 것을 발견한 것이다.

역시 아이들… 그래도 그들에게도 뭔가 재미있고 유익한 시간이 있는 모양이다. 돌아서서 나가는 아이들의 표정이 무척 밝고 명랑해 보였다.

〈칼럼〉   이창희 서울 강현중학교 등록 2005.07.11 16:46:00

교사는 몸 돌볼 기회도 없나

　교육부는 최근 교원 평가 문제와 관련하여 부적격교원 처리 방안을 마련 중이라고 한다. 부적격교원에 대한 정확한 기준이 애매한 시점에서 또 다른 문제와 반발을 불러일으킬 가능성이 있다.

　부적격교원이 사회적으로 이슈화가 되고 있지만, 주변에 교사들을 보면 과연 누구를 부적격교원으로 보고 있는 것인지 의아스러울 때가 많다.

　최근에 우리 학교 체육 선생님 한 분이 운동하다가 발목의 인대가 늘어나는 부상을 당했다. 발목에 가벼운 깁스까지 했지만 그 선생님은 목발에 의지한 채 학교에 계속 출근을 하여 학생들을 지도하고 있다. 또 주변에 어느 선생님은 혈압이 높아서 병원에서 정밀 진단을 받아야 할 형편이라고 한다. 그런데도 방학 때 병원을 찾기로 하고 역시 계속 출근하여 학생들을 지도하고 있다.

　그뿐 아니라 또다른 선생님은 발목 골절상을 당해 병가를 1개월여 냈으나 완치가 되지 않았다. 그런데도 발목보호대를 하고 겨우 걸을 수 있을 정도인데, 학교에 출근하고 있다고 한다.

　이유는 간단하다. 일단 병가를 내어 시간강사 등을 활용하게 되면 학생들에게 상당한 피해가 가기 때문이다. 같은 교사가 1년동안 계획된 수업활동을 해야 하는데, 시간 강사로 대체하면 학생들에게 혼란을 줄 수 있기 때문이다. 또한 학교의 업무도 연속성이 떨어지기 때문에 몸을 움직일 수만 있으면 출근하는 것이다.

　이렇게 학생들을 생각하는 교사들이 부지기수인데, 부적격교원 타령하고 있는 교육부의 자세는 옳은 것이 아니라고 본다. 그보다 교원들의 복지향상, 근무 여건 향상을 통해 학교에서 부상을 당하는 일이 없도록 하고 정신적인 스트레스를 잠재울 수 있는 방안을 연구하는 것이 더 급한 일이 아닌가 싶다. 이를 위한 교원의 수업시수 경감 등은 필수요건이라고 본다.

그렇게 모든 여건을 갖춘 후에나 논의되어야 하는 것이 바로 '부적격교원 퇴출'인 것이다. 현재와 같이 여건은 제대로 갖추지 않고 부적격 운운하는 것은 교육의 황폐화만 가속 시키는 것이다.

대부분 열심히 사명감을 갖고 학생을 지도하는 교사들을 위한 방안부터 내놓는 것이 더 우선이 아닐까.

〈칼럼〉　　　　　　　　이창희 서울 강현중학교　등록 2005.07.13 22:45:00

학교자치와 교장의 역할

교육부에서는 일선 학교에 권한을 많이 이양했고, 앞으로도 더 많은 권한을 이양해서 실질적인 학교 자치가 이루어지도록 하겠다고 한다. 물론 현실적으로는 장벽이 많아서 그렇게 되려면 아직도 더 많은 검토가 이루어져야 할 것이다. 실제로 학교에 권한이 이양되었다는 생각은 그리 많이 들지 않고 피부에 와 닿는 것도 거의 없다.

그러나 앞으로의 추이가 교육자치의 실현으로 이어질 가능성이 높다고 볼 때, 단위 학교에서는 이에 대한 대비를 철저히 세우도록 해야 할 것이다. 갑작스런 권한이양에 당황하지 않도록 하기 위해서이다.

그런데, 우리의 학교 경영자인 교장들은 현실적으로 권한이양을 받아도 그것을 쉽게 받아들이기 어려운 것이 현실이다. 우선 학교가 구성원들의 공통 의견을 듣고 운영하는 사례가 점점 늘고 있어, 실질적으로 교장이 할 수 있는 일들은 많지 않은 것이 현실이다. 또한 극히 일부에 해당이 되겠지만 교장으로서의 자질이 부족한 경우도 있기 때문이다.

일례로 학교에서 자체적으로 결정해야 할 일이 있을 경우 우리의 학교 현실은 그동안 지시에 충실한지 보니 어떻게 해야 할지 모르고 우왕좌왕하는 경우가 있고 결국은 주변 학교의 눈치를 살피는 경우까지 생기게 된다.

앞으로는 이런 현상이 발생하지 않도록 학교에서는 학교장을 중심으로 전체 구성원이 철저한 대비와 준비를 해야 할 것이다. 실질적인 학교 자치가 이루어지기 위해서는 교장에게 권한을 이양하고 그에 대한 책임을 철저히 묻는 시스템이 필요하다.

현재처럼 학교장에게 별다른 권한은 없고 책임만 무겁게 지워지는 시스템에서는 향후의 교육자치가 성공을 거두기 어렵다. 물론 학교장이 권한을 남용하는 일이 없도록 철저한 제도적 장치를 마련해야 함은 두말할 필요가 없다.

권한과 책임을 함께 갖는 학교장과 스스로 모든 것을 해결해 가는 학교의 조속한 탄생을 기대해 본다.

〈칼럼〉　　　　　　　　　　이창희 서울 강현중학교　등록 2005.07.15 22:53:00

진정한 인권의 의미는?

인권의 중요성이 강조되면서 학교에도 인권 존중 분위기가 조성되고 있다. 전체적인 사회 분위기와 맞물려 학교에서도 인권을 중시하고 학생들의 인권을 강조하는 것은 옳은 방향이다. 이에 이의를 제기하고 싶지는 않다.

다만, 이런 인권의 중요성이 왜곡되는 경우가 있기 때문이다. 인권이라는 단어를 동원하면 모든 것이 해결될 수 있다는 생각을 우리 학생들이 가지고 있는 것은 아닌지 염려스럽다.

실제로 서울 시내의 어느 중학교에서는 있었던 일이다. 학생부의 교사가 학생의 머리가 너무 길고 지저분해 보여서 머리카락을 자르고 오도록 몇 번 주의를 주었다고 한다. 그런데도 이 학생이 계속 그대로 학교에 오길래 머리카락을 가위로 직접 잘랐다고 한다. 그러자 그 학생은 "이렇게 하시면 인권침해로 걸릴 텐데요."라고 답하더라는 것이다.

교사가 하도 어이가 없어서 "인권이 중요하긴 하지만 너처럼 이렇게 교칙을 너무 많이 위반하는 것은 인권과는 좀 거리가 있다."라고 하자 학생은 계속해서 "요즈음에 방송도 안 보셨나요. 학생 머리를 자르는 것은 인권침해입니다."라고 항의를 하더라는 것이다.

방송이나 신문에 보도되는 내용은 다분히 인권침해 소지가 있는 내용으로 다루어지고 있다. 이것은 뉴스도 많은 사람이 보고 관심을 가져야 해당 언론사에서는 성공적인 보도를 했다고 생각하기 때문에 심한 경우만을 보도하기 때문일 것이다.

우리 학생들에게도 인권이 중요한 것만은 사실이다. 그러나 인권을 내세움으로써 모든 것이 해결되는 것은 아니다. 학생에게도 진정한 인권이 있고 가식적인 인권이 있을 수 있는 것이다.

무조건적인 인권 보호를 주장한다는 것은 옳지 않다고 본다. 인권에 대하여 이렇게 잘못된 학생들의 분위기 조성에 교사들의 오류는 없었는지 교사들 스스로도 깊이 생각해 볼 문제가 아닌가 싶다.

〈칼럼〉　　　　　　　　　　이창희 서울 강현중학교　등록 2005.07.16 22:52:00

교장에게 힘을….

　최근 방학을 앞두고 서울시교육청 산하의 각급 학교에 도봉구 방학중 교원의 복무에 대한 내용이 하달되었다. 그중에 다음과 같은 내용이 있다.

　"교장, 교감이 학교를 동시에 비우는 일이 없도록…" 이는 교장이나 교감 중 한 명은 반드시 학교에 출근하여 근무해야 한다는 뜻이다. 물론 방학이 휴일이 아님은 교사라면 누구나 다 알고 있는 사실이고 누군가는 학교에서 근무해야 한다는 것 역시 잘 알고 있는 사실이다.

　현실적으로 방학이라도 교장, 교감은 물론 교사도 근무하고 있다. 그런데 유독 교장, 교감에게만 이렇게 강력하게 근무를 명하고 있는 것이다.

　토요휴업일에도 교장, 교감은 학교에 꼭 출근하여 근무한다. 그런데도 교장, 교감에게는 초과근무수당을 지급하지 않는다고 한다. 그 이유는 교장, 교감에게는 직급 수당이 지급되기 때문이라고 한다. 물론 근무 교사에게는 많지 않지만 초과근무수당을 지급하고 있다.

　교장, 교감의 직급 수당은 직급에 상응하는 수당일 뿐, 그것이 초과근무수당은 아닌 것이다. 이들에게도 초과근무수당을 지급하는 것이 옳다고 본다.

　또한 그 직급 수당 때문에 초과근무수당을 지급하지 않는다면 그 직급 수당을 현실화해야 할 것이다. 교장, 교감이 교원들을 위해 뭔가 베풀고 싶어도 현실화되지 않은 수당으로 인해 베풀 수 없는 상황이다.

　일반 교사들에 비해 교장, 교감의 숫자는 상대적으로 많지 않다. 이들의 직급 수당을 현실화하는 것은 다른 교사들의 수당인 상에 비해 예산의 투입이 많지 않아도 될 것이다.

교장, 교감이 학교 경영자라는 데에 이의를 갖는 사람은 없을 것이다. 그렇다면 경영자의 품위유지를 위해서도 교장, 교감의 직급 수당은 현실화되어야 한다. 학교경영의 자율성을 확보하기 위해 서라도….

〈현장소식〉　　　　이창희 서울 강현중학교　등록 2025.07.21 00:00:00

자녀와의 대화는 이렇게….

서울 문창중학교의 조국래(趙國來)교장은 항시 바쁘다. 학교의 각종 업무와 교직원 살피기부터 시작하여 자신이 창립한 "한국 인성교육개발지도 봉사단"이라는 단체를 이끄는 일까지 바쁜 나날을 보내고 있다.

학생들을 위해 각종 훈화자료를 만들어 배포하는가 하면 인성교육자료검색대회, 학교장 설득화법 워크숍 등 다양한 행사를 하고 있다.

올해 여름방학에도 "리더 화법 워크숍 연수" 개최가 예정되어 있다. 연수비용은 거의 받지 않고 교재비만 받고 있다. 교사와 학부모가 대상이다. 조 교장은 "거의 무료로 모든 것을 해결 하다보니 어려움이 많다. 그래도 학생들의 인성 교육에 뭔가 도움이 된다면 지속적으로 추진할 것이다."라고 하면서 의욕에 넘쳐 있다.

현재 한국 인성교육개발지도 봉사단의 사이트로 미사봉(미래사회봉사: http://www.misabong.com)을 운영하고 있다. 연간 사이트 운영에 들어가는 비용도 만만치 않으나 사비로 충당하고 있다고 한다.

우리나라 인성 교육에 일조하고 싶다는 소박한 꿈을 가지고 향후에도 지속적으로 다양한 행사를 하겠다고 한다.

〈칼럼〉　　　　　　　　　　이창희 서울 강현중학교　등록 2005.07.22 08:22:00

공문, 보내기만 하면 된다?

방학식을 진행하려고 할 때의 일이다. 좀 더 정확히 말하면 7월 20일 오후 12시30분경, 공문 한 부를 받았다. 발송일 7월 20일, 접수일 7월 20일, 제목은 '교원 메일 주소 조사'였다.

행정자치부에서 전 공무원(교원 포함)에게 동시 메일을 발송하기 위한 메일 주소를 조사한다는 것이었다. 메일 주소 조사의 부당성을 이야기하고자 함이 아니다.

메일 주소를 수집하여 보내야 하는 기한이 21일이다. 이미 학교에는 전체 교원의 메일 주소가 확보되어 있기 때문에 보내는 데에는 별다른 문제가 없었다. 그러나 정작 문제는 다른 곳에 있었다.

"메일 주소 수집은 개인정보 수집에 해당되기 때문에 반드시 교원 개인의 동의 절차를 밟은 후 수집하라"는 내용이 공문의 말미에 기재되어 있었다. 시간적으로 20일 12시 이후에 접수된 공문을 21일에 보내는 데에는 물리적으로 어려움이 있다.

그냥 메일 주소를 보낸다면야 바로 해결할 수 있지만, 교원 개개인을 모두 만나서 동의 여부를 물어야 하기 때문에 시간 내에 해결은 어렵게 된다. 도저히 시간적으로 기술적으로 기간 내에 처리가 불가능하다. 방학 후에 교사 개개인에게 전화로 연락할 수밖에 없는 상황인 것이다.

그래도 우리 학교는 방학을 늦게 하는 바람에 사정이 낮은 편이다. 이미 지난주 토요일에 방학한 대부분의 학교에서는 어려움이 더 크다. 담당자가 학교에 나와서 하루 종일 전화통을 붙들고 있어야 해결이 될 것이다.

무조건 공문을 하달하면 된다는 식의 발상은 옳지 않은 것이다. 또한 촌각을 다투는 사안도 아닌데 급하게 공문을 보고하도록 하는 것도 잘못된 관행이다. 학교의 특수성에 따른 방학 기간의 공문은 불가피한 경우를 제외하고는 피하는 것이 바람직하다는 생각이다.

〈현장소식〉　　　　　이창희 서울 강현중학교　등록 2005.07.22 16:12:00

꿀맛닷컴 "한국교육산업대상" 수상

　서울시교육청에서 운영하는 사이버 가정학습 사이트인 꿀맛닷컴이 한국일보에서 주최하고 교육인적자원부에서 후원하는 제3회 한국교육산업대상을 수상하였다. 꿀맛닷컴은 금년 3월부터 서비스를 시작하여 사이버 가정학습 프로그램을 선보였는데, 그동안 학생과 교사들의 호응이 상당히 높았다.

　서울시교육청에서는 이번의 '한국교육산업대상' 수상과 관련하여 "이는 모두 이곳을 열성적으로 방문하시고 활용하셔서 공부하시는 사이버학생 여러분과 보이지는 않지만, 매일 교육에 대한 열정을 가지고 헌신하시는 205분의 사이버 선생님들 덕입니다. 저희 운영진(2230-8503)은 회원 여러분과 사이버 선생님께 만족과 감동을 제공하도록 최선을 다하겠습니다."라고 수상의 공을 학생과 담당 교사들에게 돌렸다.

　꿀맛닷컴 http://www.kkulmat.com에 접속한 후 회원가입을 하면 누구나 무료로 이용할 수 있다.

⟨현장소식⟩   이창희 서울 강현중학교 등록 2005.07.23 18:51:00

"기간제이면서…."

방학하고 처음으로 휴식을 취하고 있던 어제의 일이다. 오전 11시가 조금 넘었을까. 전화벨이 울리는 것이었다. 유난히도 전화벨 소리가 크다는 느낌을 받았다.

전화의 내용은 이렇다. 우리 학교에 근무하는 기간제 유○○선생님께서 모친상을 당했다는 것이다. 유 선생님은 이미 명예퇴직을 하셨지만, 그저 아이들이 좋다는 단 하나만 가지고 다시 기간제이지만 교단에 서신 것이다. 명예퇴직은 당시에 건강이 좋지 않아서 신청하신 선생님이다.

전화를 받고 집에서 좀 멀리 떨어진 곳이긴 해도 조문을 갔다. 반갑게 맞아 주시는 유○○선생님이셨다. 조문을 마치고 유 선생님과 이야기를 나누었다.

"저는 정말 이런 사실(모친상을 당한 사실)을 비밀로 하고 싶었어요. 기간제이면서 이런 일까지 당해서 선생님들에게 부담을 주기 싫었어요. 그런데 이렇게 알고 찾아와 주셔서 정말 감사합니다."라는 이야기를 하시는 것이었다. "저도 경우는 다르지만 임용 전에 기간제 교사를 좀 했었어요. 별 말씀을 다하십니다. 다같이 한 식구인걸요."

순간 머릿속에 혹시 나도 그동안 기간제 교사라고 해서 달리 생각한 적이 없었는지 생각을 해 보았다. 유 선생님뿐 아니라 다른 기간제 교사에게도 달리 생각한 적이 없었는지, 혹시 섭섭하게 한 것은 없는지 생각을 해 보았다.

그렇게 생각하거나 행동한 적은 거의 없었다는 결론을 내리고 나니 마음이 편안해졌다. 그래도 마음 한구석에는 왠지 개운치 않은 느낌이 지속되었다. 유 선생님이 "기간제이면서…"라는 말씀을 하신 것은 분명 기간제로서 어떤 보이지 않는 섭섭함이 있었기 때문이 아닐까 라는 생각이 들었다.

　어떤 연유에서든지 학교에는 기간제 교사가 존재하게 된다. 대부분의 교사들은 그들도 모두 우리의 한 식구라고 생각하고 생활을 하고 있다지만 그렇지 않은 경우는 없었는지 우리 모두 생각해 보고 기간제 교사가 오해할 만한 행동은 하지 않았는지 반성해 보아야 한다는 생각을 하면서 장례식장의 문을 나섰다.

〈칼럼〉   이창희 서울 강현중학교   등록 2005.07.25 09:33:00

전문직 증원의 딜레마

최근 교육 전문직 수의 절대 부족 현상에 대한 문제가 심각하게 대두되고 있다. 이 문제가 상당한 설득력을 얻으면서 교육현장에서도 관심사로 떠오르고 있다.

6월 27일 자 한국교육신문의 사설에서는 "1996년 교육부 정원 506명 중 전문직(122명)과 일반직(384명) 비율이 76대 24이었다. 십 년 뒤인 2005년 현재는 정원 496명 중 전문직은 82명으로 84대 16으로 심하게 감소했다. 실·국·과장 간부직의 보임 상황을 살펴보면 더욱 한심하다. 96년에는 50개 간부직 중 전문직이 13자리를 차지해 그나마 26%의 보임률을 보였으나 현재는 48자리 중 불과 6자리만 전문직에게 할당하고 있다."라고 전문직 부족에 대한 문제를 구체적으로 지적하였다.

또한 7월 23일에 있었던 한국초등교장협의회 하계연수회에서는 "교육부의 전문직은 일반직 대비 16.7%, 교육청은 12.5%에 머물고 있는 실정"이라고 지적하고 "교육부와 교육청의 조직부터 전문직 중심으로 재편해야 한다."고 주장했다.

두 경우 모두 최소한 외형적으로는 상당한 문제점이 있는 것이 사실이다. 여기에 학교는 전문직인 교원의 수가 절대적으로 우세하나 시역교육청, 시·도교육청, 교육부로 갈수록 전문직의 숫자는 역전되어 절대적인 부족 현상을 나타내고 있다.

여기서 이런 문제점 발생의 원인이 무엇인지 살펴볼 필요가 있다. 즉 어느 시·도교육청을 막론하고 교사가 교육 전문직으로 전직을 하면 다시는 교사의 신분으로 돌아오는 경우는 거의 없다. 또한 교감이 교육 전문직으로 전직하게 되면 교감의 신분으로 돌아오는 경우 역시 거의 없다. 최소한 교감 또는 교장이 되어서야 학교 현장으로 돌아오게 된다.

따라서 전문직=교감, 교장이라는 등식이 성립하는 한 전문직의 대폭적인 증원은 어렵다고 본다. 즉 교감, 교장으로 승진하기 위한 수단으로 전문직 진출을 꾀하는 현행제도에서는 전문직의 증원은 어렵다는 뜻이다. 이런 사정에서 전문직을 증원한다는 것은 교사 출신이 교감, 교장이 되는 길은 더더욱 멀어지게 되는 것이다.

교장, 교감의 자리는 한정되어 있는데, 전문직으로 증원한다면 현행 제도하에서 전문직=교감, 교장이라는 등식을 성립시킬 수 없는 것이다. 이런 등식을 깰 수 있는 새로운 제도가 도입 되어야 만이 전문직의 증원이 가능한 것이다.

이러한 문제를 해소하고 전문직을 대폭 증원하기 위해서는 전문직과 교장, 교감의 전직이 현재처럼 자유롭게 이루어지는 제도 자체를 수정해야 가능하다고 본다. 전문직으로 전직을 하게 되면 전문직으로서 지속적인 근무가 가능하도록 제도를 바꿔야 한다는 것이다.

전문직 증원 배치에 앞서서 좀 더 제도적인 개선이 먼저 이루어져야 할 것이다.

〈칼럼〉　　　　　　　　　이창희 서울 강현중학교 등록 2005.07.25 09:36:00

학교, 대국민 서비스에도 관심 가질 때

우리 학교는 매월 한국토익위원회에서 주관하는 토익(TOEIC)시험을 실시하고 있다. 대체로 매월 마지막 일요일이 시험일이다. 다른 학교에서는 TEPS 시험, 각종 국가 자격시험, 검정고시 등이 실시되고 있다.

이들 시험 장소는 대부분이 중·고교이다. 본교뿐 아니라 인근의 학교를 살펴보아도 매월 1~2회의 시험을 실시하는 경우가 많다. 주로 주말을 이용하여 실시하고 있다.

7월 토익시험을 실시하던 날이었다. 학교에 도착하였을 때 수험생이 묻는 것이었다. "이 학교 교실에 에어컨 없습니까?", "예, 없습니다.", "이 더운 날씨에 어떻게 시험을 보라고 에어콘도 없나…" 더 이상은 할 말이 없었다.

그 이후 시험을 실시하는 교실의 사정은 정말로 숨이 막힐 정도의 어려움 그 자체였다. 특히 듣기평가를 실시하는 50여 분 동안은 소음방지를 위해 그나마 교실에 설치되어 있는 선풍기마저 꺼버렸다. 또한 같은 이유로 창문을 모두 닫고 견뎌야 했다.

수험생은 물론 감독교사 모두가 상당한 어려움을 겪었다는 것은 너는 언급할 필요가 없다고 본다. 시험이 끝나갈 무렵, "이번 시험은 아무래도 포기해야 할 것 같습니다. 더위와 싸우는 방법을 배운 것이 이번 시험의 성과라고 생각합니다." 어느 수험생의 말이다.

학교는 예전처럼 학생만을 교육하기 위해 존재하는 곳이 아니다. 지역사회와 학부모를 위해 공간제공을 다양하게 하고 있다. 학교 도서관을 인근의 주민과 학부모에게 개방하기도 하고 컴퓨터실을 개방하는 학교도 있다고 한다.

학교가 시험장으로 사용되는 것도 넓게 보면 대국민 서비스에 해당되는 것이다. 그러나 개방만 할 것이 아니고 쾌적한 분위기를 만드는 것도 중요하다는 생각이다. 이제는 학교개방에 앞서 냉·난방 시설을 제대로 갖추는 것이 더 급선무가 아닌가 싶다.

교육 당국의 검토와 예산확보를 통한 시설 확충을 기대해 본다.

〈칼럼〉 이창희 서울 강현중학교 등록 2005.07.26

차기 혁신위원장은 누가?

7월 25일자 한국일보 보도에 따르면 이달 말로 2년 임기가 끝나는 전성은 대통령 자문 교육 혁신위원장(장관급)후임 후보군에 교육감 출신 인사가 대거 포함된 것으로 24일 확인되었다고 한다.

이번에 임기가 만료되는 1기 교육혁신위원회는 초·중·고교 및 대학교육 등 각종 교육개혁 정책을 입안해 왔고 논란이 확산되고 있는 2008학년도 대학 입시안도 혁신위 작품이다.

교육계에 따르면 전 위원장 후임에는 유인종(72) 전 서울시교육감, 정순택(64) 전 부산시 교육감, 홍성표(63) 전 대전시 교육감 등 3명의 전직 교육감과 김신일(64) 서울대 사범대 교수 등 모두 4명이 정부 추천 등으로 경합을 벌이고 있는 것으로 알려 지고 있다.

교육감 출신이 다른 인사에 비하여 확실히 교육적인 감각이 뛰어날 수 있기 때문에 적임자임에 분명하다. 따라서 일단 교육감 출신의 혁신위원장 검토는 환영할 만하다. 여기에 대학 입시 등의 개혁안을 좀 더 안정적으로 추진할 수 있는 대학교수, 특히 교육계의 일원인 사범대 교수가 물망에 오른 것도 역시 환영할 만하다.

이미 알려진 바와 같이 교육혁신위원회에서는 다양한 교육개혁 방안이 나오기도 했지만, 현실성이 떨어지는 내용을 논의만 하다가 그친 경우도 상당히 많았다. 따라서 이번의 제2기 위원회에서는 좀 더 교육계의 가려운 곳을 긁어 줄 수 있는 방안들을 중심으로 현실과 가장 가까운 혁신 방안의 마련이 필요한 것이다.

물론 굵직한 사안을 다루어서 장기적으로 해결하려는 방안 마련도 중요하다.

그러나 현실을 떠난 교육 혁신은 성공을 거두기 어렵다. 교육 현장에서 필요로 하는 개혁 방안 마련이 시급하다 할 것이다.

이런 관점에서 교육적인 감각이 뛰어난 인사들의 혁신위원장 거론은 매우 기대하는 바가 크다 할 것이다. 다만 이들을 심사함에 있어서 그들이 내놓았던 교육개혁 방안들이 어떻게 현실에 부응했는지 철저한 검증이 필요하다. 다소 구성이 늦어지더라도 발전된 혁신위원회의 활동을 위해서 객관적이고 종합적인 검증이 필요한 것이다. 제2기 혁신위원회에 거는 교육계와 국민의 기대가 매우 크기 때문이다.

〈칼럼〉 이창희 서울 강현중학교 등록 2005.07.27 11:43:00

표절 시비 끝

고려대가 이번 여름학기부터 자체 개발한 '리포트 표절 적발 검색프로그램'을 일선 강좌에 사용하기로 했다고 한다.

"학생들 사이에 만연해 있는 리포트 베끼기를 방지하기 위해 지난해 개발에 착수한 표절 적발 프로그램이 완성됐다"며, "공정한 성적평가를 위해 22일 종강한 여름학기부터 시범 적용하기로 했다."고 밝혔다.

고려대 정보통신대 임해창 교수팀이 개발한 이 프로그램은 크게 두 단계로 이뤄지는 검색을 통해 똑같이 베껴낸 리포트만 아니라 일부만 수정한 리포트까지 적발할 수 있다니 실로 남의 것을 베끼는 일은 거의 불가능한 현실이 되었다.

차제에는 이 프로그램을 통해 각종 연구대회에 항상 문제점으로 대두되는 표절 시비를 가리는 데에도 사용되었으면 한다. 현재와 같은 승진제도 하에서 각종연구대회의 연구논문은 승진에 결정적인 영향을 미치게된다. 따라서 그동안 표절작품을 가려내기 위한 노력이 다양하게 이루어졌지만 완벽한 프로그램의 부재와 인력문제로 제대로 가려내지 못했다.

따라서 이 프로그램의 개발은 이러한 표절작을 가리는데 결정적인 역할을 할 것으로 기대된다. 다만 유사도 검사를 통해 표절로 판정이 났을때 본인의 동의를 어떻게 받아내느냐의 문제가 남을 수는 있다. 그러나 대학생의 리포트와는 달리 연구논문은 동시에 같은 논문이 발표되지 않기 때문에 표절 판정은 그리 어렵지 않다는 생각이다.

각종 연구대회의 표절 여·부를 가려내는데, 이 프로그램을 사용한다면 사용 자체만으로도 표절작을 상당히 줄일 수 있을 것이다.

여기서 중요한 것은 이 프로그램으로 표절작을 가려내기에 앞서 각종 연구대회에 작품을 출품하는 교원들이 한 단계 성숙한 모습을 보여주어야 한다는 것이다.

2세 교육을 책임지고 있는 교원이야말로 매사에 모범적인 자세를 보여야 하기 때문이다.

〈칼럼〉　　　　　　이창희 서울 강현중학교 등록 2005.08.03 13:07:00

새 혁신위원장에 바란다.

노무현 대통령은 2일 지난달 말 임기 만료로 물러난 전성은(全聖恩) 교육혁신위원장 후임에는 설동근(薛東根) 부산시 교육감을 내정했다.

그동안 여러 인사가 물망에 올랐었지만 부산교육을 혁신적으로 이끈 공로가 인정되어 새로 교육혁신위원장으로 내정된 것으로 보인다.

우선은 교육적 감각이 뛰어난 현직 교육감이 혁신위원장에 내정된 것을 환영한다. 교육개혁은 개혁 자체만을 놓고 성과를 논할 수 없다. 뛰어난 감각과 시대에 걸맞는 방안이 나와야 하는 것이다.

이미 알려진 바와 같이 교육혁신위원회에서는 다양한 교육개혁 방안이 나오기도 했지만, 현실성이 떨어지는 내용을 논의만 하다가 그친 경우도 상당히 많았다. 따라서 이번의 제2기 위원회에서는 좀 더 교육계의 가려운 곳을 긁어 줄 수 있는 방안들을 중심으로 현실과 가장 가까운 혁신 방안의 마련이 필요하다.

물론 굵직한 사안을 다루어서 장기적으로 해결하려는 방안 마련도 중요하다. 그러나 현실을 떠난 교육 혁신은 성공을 거두기 어렵다. 교육 현장에서 필요로 하는 개혁 방안 마련이 시급하다 할 것이다.

이런 관점에서 교육적인 감각이 뛰어난 설 교육감의 혁신위원장 내정은 매우 의미가 있으며 또한 기대하는 바가 크다. 제2기 혁신위원회에 거는 교육계와 국민의 기대는 그 어느 때보다 매우 크다.

효율적이고 발전적인 혁신위원회의 활동을 기대해 본다.

<칼럼>　　　　　　　　　　　　　　　이창희 서울 강현중학교 등록 2005.08.04

질보다 양? 양보다 질?

한교닷컴(http://www.hangyo.com)이 새롭게 개편되어 서비스를 시작한지 1년 여가 채 되지 않았지만 교육계는 물론 일반인들 사이에서도 관심이 높다. 날마다 새롭게 업데이트 되는 교육관련 뉴스를 조금이라도 먼저 접할 수 있는 곳이 바로 한교닷컴이기 때문이다.

이런 관심을 증폭시키는데 기여를 한 요인이 여러 가지이겠지만 그 중에서도 e-리포터들의 활약은 중추적 이라 하겠다. 현재도 한교닷컴 e-리포터들은 크지 않지만 주변에서 일어나는 각종 교육 뉴스를 전하기 위해 애쓰고 있다.

그런데, 이들 e-리포터들의 기사를 접해보면 주로 몇 명의 리포터들에 의해 작성된 기사가 대부분을 차지하고 있다. 실제로 가입된 리포터에 비해서는 기사 작성 리포터는 많지 않다는 것이다. 이들 리포터들이 좀더 활약을 한다면 한교닷컴은 더 많은 관심과 발전이 기대됨에도 현재는 일부의 리포터만이 활약한다는 느낌이 들어 아쉬움이 남는다.

그럼에도 불구하고 리포터를 추가 모집할 필요가 있는 것인지에 대해서는 좀 더 깊은 검토가 필요하지 않았었나 싶다. 물론 리포터의 수가 많으면 다양한 교육관련 소식을 접할 기회가 늘어나는 것은 틀림없는 사실이다.

그러나 이 경우는 '질보다 양'이 우선이라는 생각을 버리기 쉽지 않다. 때로는 '양보다 질'이 훨씬 더 효과적일 수 있다는 것이다. 예전에 오프라인으로 리포터로 활약한 경험에 비추어 볼 때 반드시 '질보다 양'이 성공을 거둔다고 보기는 어렵다.

또한 누구나 수시로 가입할 수 있는 체제라면 그 중요성이 반감될 가능성도 없지 않다. 보통의 포털 사이트처럼 수시로 가입할 수 있다면 가입만 하고 이용하지 않는 경우도 많이 나타날 수 있는 것이다.

리포터의 수만 단순히 늘릴 것인지, 아니면 활동이 미미한 리포터들의 처리를 포함하여 장기적인 운영계획을 심도 있게 검토할 시점에 도달하지 않았나 싶다.

〈칼럼〉　　　　　　　　　　　이창희 서울 강현중학교　등록 2005.08.05 09:47:00

계약파기? 있을 수 없는일

김진표 교육부총리가 3일 교육 관련 시민단체 관계자와 간담회를 여는 자리에서 '부적격교원 퇴출제도는 9월 1일부터 시행하고, 교원 평가제는 이르면 9월 중, 늦어도 2학기 중에는 시범 실시하겠다.'라고 밝혀 논란이 되고 있다.

잘 아는 것처럼 교원평가 문제는 이미 교육부와 한국교총, 전교조 등 교원단체와 학부모단체가 주축이 된 '학교 교육력 제고를 위한 특별협의회'가 지난 6월 말에 구성되어 이에 대한 논의를 하고 있는 중이다.

그런데, 교육부총리는 '협의회에서 합의안이 도출되지 않으면, 시범 사업에 참여하는 전국 48개 초·중·고교가 교육부안과 교원 단체안 2개 모델 중에서 선택해 교원 평가제를 시행하도록 하겠다.'고 구체적인 안까지 덧붙였다.

이는 합의안이 도출되지 않을 것으로 보는 시각에서 출발한 것으로 보인다. 즉 '학교 교육력 제고를 위한 특별협의회'를 믿지 못하겠다는 발상으로밖에 볼 수 없다. 특히 협의회에서 교육부가 원하는 안이 도출되지 않으면 그동안 준비해 온 정부안대로 교원 평가제를 밀고 나가겠다는 의도가 담겨있는 것이 아닌가 싶다.

지난 6월 합의에 의하여 '학교 교육력제고를 위한 특별협의회'를 구성하여 모인 것을 논의하기로 한 것은 일종의 계약이다. 그런데 그 계약을 계약 당사자에게 일언반구(一言半句)도 없이 파기하는 것은 있을 수 없는 일이다.

계약은 서로의 신뢰를 바탕으로 이루어지는 것이 아닌가? 그 신뢰를 순식간에 깨는 것은 납득되지 않는다. 지금이라도 계약을 이행하기 위한 노력을 해야 옳다.

물론 교육부총리의 발언과 언론의 보도와는 다른 면이 있을 수도 있다. 본질이 왜곡되어 보도가 나갔을 수도 있다. 그렇더라도 최근에 민감성을 더해 가는 교원 평가에 대한 문제를 가볍게 생각하고 발언했다는 것은 계약 파기로밖에 볼 수 없다.

　오늘 당장이라도 교육부총리는 성실한 계약이행을 위해 노력해야 한다.

〈칼럼〉　　　　　　　　　　이창희 서울 강현중학교　등록 2005.08.06 10:16:00

수요자가 원하는 교육

8월 5일 자 동아일보 기사의 일부이다.

"한국외국어대 부속 외국어고 1학년생 아들을 둔 회사원 김모 씨는 분기별 등록금 110만 원에 월별 기숙사비로 70만 원을 낸다. 한 학기 동안 교재 및 문제지 구입, 용돈 등으로 150만 원가량 들었다. 이 학교 학생 상당수는 여름방학 때 해외 봉사활동을 떠나는데 김 씨는 여기에 200만 원을 썼다. 김 씨는 '연간 1,600만 원 정도 드는 셈인데 사교육을 따로 받을 필요가 없어 일반고교에 다니면서 학원을 다니거나 과외를 하는 학생에 비하면 그나마 적게 드는 편'이라고 말했다."

이밖에 어쩔 수 없이 외국으로 유학을 보냈다는 학부모도 있었다. 그 이유는 간단하다. 한국에서의 교육은 모두 같은 교육을 똑같이 반복하기 때문 이라는 것이다. 자정까지 학원에 다녀오고 선행학습을 해도 원하는 성과를 거둘 수 없었다는 것이다.

위의 예에서 보듯이 우리의 교육도 이제는 수요자가 원하는 교육을 해야 한다고 본다. 한국외국어대 부속 외국어고의 경우는 '자립형 사립고등학교' 형태이다. 다소 등록금이 비싸긴 하지만 별도의 사교육없이 교육을 받을 수 있기 때문에 실제로는 교육비가 저렴하다고 볼 수 있는 것이다.

현재는 이런 교육을 받을 수 있는 학생들이 많지 않다. 이런 학교가 절대적으로 부족하기 때문이다. 그렇기 때문에 외국으로의 유학을 생각하는 것이다. 물론 외국 유학이 위의 예처럼 긍정적인 측면만 있는 것은 아니다. 한국에서 도저히 대학 진학이 어렵기 때문에 어쩔 수 없이 떠나는 경우도 있다. 현실 도피성의 유학도 상당히 있는 것이다.

그렇더라도 우리는 이들에게 유학을 가지 않아도 자신의 능력에 맞는 교육을 받을 수 있는 여건을 만들어 주어야 한다. 그 하나의 방안이 바로 자립형 사립고등학교라는 생각이다.

너무 많은 학교의 인가는 교육의 질을 또다시 떨어뜨릴 가능성이 있겠지만, 현재 서울 시내에는 단 한 개의 자립형 사립고등학교도 있지 않다. 이제는 깊이 검토해야 할 때가 아닌가 싶다.

물론 교육 평등의 기본 취지는 옳다. 누구나 공평하게 교육받을 권리가 있는 것도 사실이다. 그러나 수요자가 원하는 교육을 위해 정책의 방향을 펼쳐 나가는 것도 중요하다 할 것이다. 모두의 권리가 중요하듯이 일부의 권리 역시 중요하기 때문이다.

자립형 사립고등학교의 확대 시행을 심도 있게 검토할 때가 되지 않았나 싶다. 교육의 수요자는 학생들이기 때문이다.

〈칼럼〉　　　　　　　　　이창희 서울 강현중학교 등록 2005.08.08 09:06:00

사서교사 배치는 시대적 요구

경기도 내 학교 도서관에 사서교사가 턱없이 부족해 학교 도서관 활성화의 장애요인이 되고 있는 것으로 나타났다고 한다.

사실 사서교사 부족 사태는 경기도뿐 아니다. 다른 시·도에서도 사정은 비슷하다. 체계적인 도서관 운영은 물론 독서교육의 활성화에도 장애요인이 되고 있는 것이다.

2008학년도부터는 논술이 대학 입시에 결정적인 영향을 미칠 가능성이 커지고 있다. 사설학원에서는 벌써부터 논술강화에 초점을 맞추고 있다.

그러나 학교는 어떠한가. 겨우 학교에서 수업을 논술 형태로 하도록 한다는 안이 막연하게 나왔을 뿐이다. 그것도 최근에 나온 것이다. 사설학원에 비해 느려도 한참 느린 행보이다.

사교육을 공교육으로 흡수하고 공교육을 활성화 하기 위한 방안이 논술 형태의 수업이라고 한다. 도대체 어떻게 흡수하겠다는 이야기인지 정확히 판단이 서지 않는다.

논술을 강조하고 사교육을 줄이기 위한 방안이라면 독서교육을 강화해야 하는 것은 당연하다. 그렇게 하기 위해서는 최소한 학교당 1명의 사서교사를 배치해야 옳다. 그들로 하여금 독서교육을 체계적으로 할 수 있도록 해야 한다.

물리적인 요건은 전혀 생각하지 않고 그냥 막연하게 논술을 강화한다는 것은 아무런 효과를 기대하기 어렵다. 우리가 항시 이야기하는 '여건 조성' 없이는 그 어떤 것도 성공을 거두기 어려운 것이다.

'논술 형태의 수업을 통해 논술강화'는 시대적으로 옳은 방향이다. 그러나 그렇게 하기 위한 여건이 조성되어야 한다. 경기도뿐 아니라 우리나라 모든 학교에 사서교사를 배치한 다음에 독서교육 강화와 논술교육 강화가 이루어져야 할 것이다.

이제 사서교사 배치는 시대적 요구이다. 학교의 교육경쟁력 강화를 위해서도 반드시 배치가 필요하다고 본다.

〈현장소식〉　　　　　　　　　　　　이창희 서울 강현중학교 등록 2005.08.09

교원연수 열기로 더위를 이긴다.

여름방학이면서도 교원 연수 열기가 식을 줄 모른다. 오늘부터 시작된 교원 정보화 연수에 참가한 교원들이 더위도 잊은 채 열심히 연수를 받고 있다.

갈수록 교원들의 연수 열기가 뜨겁다. 이미 신청 마감이 되었으나, 청강생의 자격으로 강의를 듣는 교원들도 상당수 있다.

연수 이수증이 필요한 것이 아니고 교원 스스로 자기 연찬을 위해 필요한 것이 연수이기 때문에 청강생으로 왔다고 한다.

이들의 열기를 보라. 누가 교원들이 자기 계발을 안 한다고 하는가?

〈칼럼〉　　　　　　　　　　　　　이창희 서울 강현중학교 등록 2005.08.10 09:21:00

끝없이 노력하는 교사의 표본

서울 강현중학교(교장 이○○)에서 있었던 일이다.

교원 정보화 연수 첫날, 나이가 지긋하신 선생님 한 분이 연수 시작 10분 후에 나타났다. 그런데 바로 들어오지 않고 연수 담당자를 찾는 것이었다. 잠시 이야기를 좀 하고 싶다는 것이었다.

"이미 연수를 신청했으나 연수대상자로 선발이 되지 못했습니다. 그래서 청강생 자격으로라도 연수를 받고 싶습니다. 제가 워낙 컴퓨터 실력이 부족한 탓에…."

그때까지 연수생 중 4명이 도착하지 않은 상태였다.

"일단 남아 있는 컴퓨터가 몇 대 있으니까 거기 가서 앉으시지요. 혹시 연수 포기자가 나오면 그 자리에 넣어 드리겠습니다."

그런데, 잠시 후에 그 선생님이 다시 담당자를 찾는 것이었다.
"우리 집사람도 교사인데, 저랑 같이 청강생 자격으로라도 연수를 들으면 안 될까요. 오늘 같이 오려고 하다가 혹시나 해서 그냥 저 혼자 왔습니다. 지금 연락하면 바로 올 수 있습니다."

"그렇게 하시지요. 그게 뭐 어렵겠습니까? 단지 연수 이수증을 드릴 수 있을지 확실하지 않아서 제가 좀 죄송하네요.", "아닙니다. 이수증은 없어도 됩니다. 그냥 컴퓨터를 기초부터 배우고 싶어서 그럽니다."

잠시 후에 그 선생님의 부인이라는 분이 땀을 뻘뻘 흘리면서 나타났다. 자리를 정해 주었지만 그래도 마음이 편치 않았다. "아직 안 나온 선생님들이 연수를 포기하면 대신 넣어 드려야겠다."라는 생각만 하고 있을 뿐이었다.

이후 나타나지 않은 연수생들에게 전화로 연락하여 공교롭게도 그중 두 분의 선생님이 연수를 포기하신다고 했다. 가정에 사정이 생겨서 연수를 받을 수 없다는 것이었다.

얼른 그 부부 선생님께 "마침 연수 포기생이 생겨서 연수 이수증을 드릴 수 있게 되었습니다. 염려 마시고 연수 열심히 받으십시오.", "아이고, 선생님 감사합니다. 이 은혜는 절대 잊지 않겠습니다. 끝나고 식사라도 대접하고 싶습니다."

"그러실 필요 없습니다. 연세도 많으신데(실제로 확인한 결과 그 선생님은 49년생, 부인은 52년생이었다.) 이렇게 연수받으시려는 마음가짐이 존경스럽습니다."

끝없이 노력하는 교사의 표본이라는 생각이다. 우리 교육의 앞날은 틀림없이 희망적이고 밝다는 생각을 해 본다.

〈칼럼〉　　　　　　　　　　　　　　이창희 서울 강현중학교　등록 2005.08.11 08:30:00

교원정년 당장 환원해야

　이미 보도를 통해 알려진 바와 같이, 현재 62세로 규정된 교육공무원의 정년을 63세로 1년 연장하는 법안이 국회에 제출될 예정이라고 한다. 한나라당 재경위원인 엄호성 의원은 이 같은 내용을 골자로 한 교육공무원법 일부개정법률안을 마련해 현재 공동발의 절차를 밟고 있으며 늦어도 다음 주까지 법안을 국회에 제출할 방침이라고 한다.

　고령화사회에 대비하고 고급 인력을 활용 하기 위한 방안이라는 것이다. 좀 늦은 감이 있지만 이제라도 정년연장 문제가 다시 거론되는 것을 적극 환영한다.

　그러나 리포터의 입장에서는 '정년연장'이라는 용어는 옳지 않다고 본다. 정년이 65세였던 것을 62세로 줄였던 것을 다시 63세로 한다는 것이다. 이것이 어찌 '정년연장'인가?

　'정년환원'이라는 용어를 쓰는 것이 옳다고 본다. 65세로의 환원을 전제로 해야 하다. 엄 의원도 밝혔지만 "일시에 정년을 65세로 환원할 경우 발생할 수 있는 예산상의 부담 등을 고려할 때 일차적으로 정년을 63세로 1년 연장하려는 것이 목적"이라고 한다.

　최종적으로는 65세 환원이 목적이라는 것은 매우 바람직한 발상이라고 본다. 우리 교원들이 겨우 정년 1년 연장에 매달리는 것이 절대 아니기 때문이다. 원래의 위치로 되돌려 달라는 뜻이다.

　예전에 65세에서 62세로 정년을 단축하여 이루어진 것이 아무것도 없다는 것은 누구나 다 아는 사실이다. 도리어 교육현장에 혼란만 가중시켰을 뿐이다. 이론과 실제가 다르다는 것이 여실히 드러났었다.

그런데, 예산 문제로 인해서 한꺼번에 정년을 환원하는 것이 어렵다는 것은 납득이 되지 않는다. 반대로 정년을 단축하여 예산이 절감 되었는가. 그렇지 않았다. 도리어 더 많은 예산이 필요했었다.

정년을 환원한다고 해서 막대한 예산이 들것으로 보지는 않는다. 예산을 조금만 더 확보하면 가능한 일이다. 정치권과 해당 부처의 노력이 가장 중요한 시점이다.

일반 공무원의 정년연장도 검토하는 마당에 원래의 정년으로 교원의 정년을 환원하는 것은 당연하다고 본다. 이번에는 심도있는 검토와 논의를 거쳐 정년 환원이 반드시 이루어져야 한다. 관련 부처와 정치권의 현명한 판단을 기대해 본다.

〈교단일기〉　　　　　　　　이창희 서울 강현중학교　등록 2005.08.13 09:13:00

저 혹시… 아 그렇구나.

　방학 중이지만 학교에 매일 출근하다시피 하고 지낸다. 정확히 무엇 때문에 출근을 한다고 딱히 이야기하기가 어렵긴 해도 뭔가 할 일이 꾸준히 생기기 때문이다.

　오늘 아침의 일이다. 다른 때보다는 좀 늦은 시간(대략 10시 쯤이었던것 같다)에 버스를 바꾸어 타기 위해 정류장에서 있을 때였다. 30살쯤 되어 보이는 여자 한 명이 가까이 다가오는 것이었다.

　요즈음에 길가다 보면 보험을 들으라느니 설문조사를 한다느니 하면서 접근하는 사람들이 종종 있어서 또 그런 류의 이야기일 것으로 생각했다. "저 혹시 물리 선생님 아니세요?", "아니 물리가 아니고 그냥 과학 선생님은 맞는데, 왜 그러시나요?", "그럼 혹시 남서울 중학교에 근무하신적 있으시죠?"

　약간 정신이 드는 것 같았다. 그리고 나서 가만히 그 여자의 얼굴을 보았더니 왠지 낯익은 얼굴이었다. 순간, 맞아. "박…?" 성만 생각나고 이름 두 자가 떠오르지 않는 것이었다.

　"맞아요 선생님 저 박○○에요."

　결국은 이름을 듣고서야 오래전에 1학년 담임을 할때 우리 반에 아주 명랑하고 책임감 있던 박○○라는 것이 떠올랐다. 이런저런 이야기를 나누고 시간 있으면 차 한 잔 하자고 하는 것을 학교일 때문에 다음에 하자고 연락처만 남겨두고 돌아섰다.

　지금까지 담임을 한 학생들을 기억 못한 적은 한 번도 없었다. 20여년을 교직에서 생활했지만 담임을 했던 녀석들을 못 알아본 적이 없는데, 어찌 이런 일이… 학교에 오면서 자꾸만 그녀석 생각이 떠올랐다.

선생님이 자기 이름을 못 알아보다니, 얼마나 실망이 클까 싶었다. 길에서 그냥 지나치면 그만인데, 선생님을 알아보고 인사까지 했는데, 누군지 몰랐다는 것에 대하여 내 자신이 정말 싫었다.

앞으로는 이런 실수를 저지르지 않기 위해서라도 옛날의 졸업앨범을 시간내서 꼭 보아야 하겠다는 생각을 했다.

미안하다. ○○야….

⟨칼럼⟩ 이창희 서울 강현중학교 등록 2005.08.13 09:20:00

중독은 초기 증상일 때 치료해야….

한국정보문화진흥원의 최근 자료에 의하면 우리나라 국민 410만여 명이 인터넷 중독에 시달리고 있으며, 그 중 절반 이상인 208만명이 초.중.고교생인 것으로 추정된다고 한다. 우리나라가 IT분야에서 타의 추종을 불허하는 나라임에 틀림없는 사실이지만 그 이면에는 '중독'이라는 어두운 면이 자리잡고 있는 것이다.

실제로 학생들의 대화 내용을 살펴보아도 컴퓨터게임, 인터넷 채팅 등에서 있었던 일을 빼고는 거의 대화가 되지 않고 있다. 학교에 오기가 무섭게 서로가 나누는 이야기가 어제 인터넷에서 있었던 이야기가 주를 이룬다.

10일 경기도 가평의 청심청소년 수련원에서는 인터넷 중독으로 어려움을 겪고 있는 중.고생을 위한 '인터넷 쉼터 학교'가 열렸다고 한다. 정보통신부 산하 정보문화진흥원이 국내 최초로 개설한 무료 교육과정으로, 중학교 1학년부터 고등학교 2학년까지의 학생 37명이 참가했다. 부모의 권유나 스스로의 결정으로 이곳을 찾은 학생들은 9~12일 나흘간 숙식을 함께하며 PC 없이 생활할 수 있는 법을 배웠다.

이들은 첫날에는 PC없이 생활하는 것이 너무 어렵게 느꼈다고 한다. 중앙일보 보도에 의하면 참가자 중의 한 학생은 "진엔 쉬지 않고 여덟 시간 동안 온라인 게임을 한 적도 있었다."며 "이곳에 와 무척 불안했는데 비슷한 처지의 친구들과 어울리다 보니 이젠 PC 없이 살 수도 있구나 하는 생각이 조금씩 든다."고 말했다고 한다. 또한 다른 학생들은 자기와 비슷한 처지의 학생들이 함께 참여하면 더 좋을 것 같다는 이야기도 했다고 한다.

어떤 분야든지 발전을 하면 그에 대한 역기능이 발생하게 마련이다. 자동차가 많아지면서 교통사고 문제가 발생하고 있는 것처럼 인터넷 이용자가 폭발적으로 증가하면서 그에 따른 '인터넷 중독문제', '사생활 침해', '정보 윤리 문제' 등이 대두 되고 있는 것이다. 이러한 용어는 10여 년 전만 해도 거의 일상화되지 않았던 용어들이다.

우리의 청소년들이 인터넷 중독에서 해방되도록 이러한 프로그램이 실시된 것은 매우 의미 있다 하겠다. 여기에 참가한 청소년들에게는 최소한 어느 정도의 기간 동안은 인터넷 사용을 자제하는 효과가 나타날 것이다.

그러나 시간이 지나면 다시 또 인터넷 중독 증상이 재발할 가능성이 매우 높다. 그 재발을 방지하기 위해서는 정부와 학교, 민간 단체 등에서 지속적으로 이들을 관리하고 계도할 수 있는 장치 마련이 시급하다 하겠다.

문제는 인터넷 중독을 예방하거나 치료하는 체계적인 시설이나 프로그램을 쉽게 찾기가 어렵다는 데에 있다. 정보문화진흥원 혼자만의 힘으로는 도저히 효과를 기대할 수 없는 것이다. 앞으로는 학교의 교육과정에 반드시 인터넷 중독 및 정보 윤리에 관한 과정이 포함되어야 한다.

체계적인 교육 없이 인터넷에 중독된 학생들이 감소하기를 기대할 수 없다. 우리의 미래는 청소년에게 달려있다. 이러한 청소년들이 밝고 명랑하고 건전하게 성장할 수 있도록 이끌어 주어야 하는 책임은 정부 당국과 기성세대, 그리고 학교 교육에 있는 것이다.

⟨칼럼⟩   이창희 서울 강현중학교 등록 2005.08.16 14:56:00

광복 60주년 아침의 단상

아침에 배달된 신문을 보니, 많은 지면이 광복 60주년과 관련된 내용으로 채워져 있었다. 어제 있었던 남,북 축구 경기는 물론 8.15 민족대축전에 참가한 북한 측의 동향도 함께 채워져 있었다.

아침에 열린 광복 60주년 경축 행사가 텔레비전을 통해 방송되는 모습도 지켜보았다. 신문에서는 사진과 함께 '60년 전의 그 함성과 기쁨을 함께'라는 기사가 있었는데, 벅찬 감동을 주기에 충분하였다.

대통령의 경축사에서도 "국민통합의 시대를 여는 게 역사적 소명"이라는 것을 강조하면서 대국민 화합을 호소하는 내용이 주를 이루었다. 이런 대대적인 축제 분위기가 지속되고 이것이 우리나라 발전에 중요한 역할을 했으면 한다.

사실 광복절은 항상 방학 중에 들어 있다. 그래서 인지는 몰라도 학생들에 대한 광복절의 참된 의미 전달은 예전에 비해 좀 부족하다는 느낌이 든다. 실제로 요즈음 학생들은 광복절 노래를 아는 학생들이 그리 많지 않다.

우리가 학교 다닐 때는 삼일절, 현충일, 제헌절, 개천절, 광복절, 6.25 노래까지 모두 꿰뚫고 있었다. 또한 학교에서는 때가 되면 해당 국경일의 행사를 꼭 열었던 것으로 기억이 된다. 물론 노래를 알고 있는 것이 꼭 참된 교육의 성과로 보기는 어렵다. 그렇더라도 노래를 알고 있다는 것은 일단 기본교육은 되었다는 방증이 아닐까 싶다.

요즈음에는 국경일과 관련된 행사나 교육 자체를 학교에 일임하는 것으로 알고 있다. 때로는 그 의미를 중요시하는 교장선생님이 있을 경우 행사를 하는 학교들도 있다. 그러나 대체로는 학생들을 통해 특별한 의미 부여보다는 담임

중심의 간단한 훈화로 끝나는 경우가 많다.

그 와중에서도 특히 광복절은 방학 중이기 때문에 특별한 교육을 따로 하지 않게 된다. 오늘 아침의 분위기를 보면서 왠지 좀 아쉽다는 느낌이 든다.

사실 학생들에게 각종 행사로 인해 스트레스를 주거나, 타율적인 교육이 되는 것은 옳지 않다고 본다. 다만 예전에 비해서 각종 국경일의 의미조차도 잘 파악이 안 되는 학생들이 있다는 것은 교육 부족이 아닌가 싶을 따름이다.

광복 60주년을 맞아 이러한 부분의 개선점을 찾는 것도 장래 교육을 위한 하나의 계기가 되지 않을까 싶다.

〈칼럼〉　　　　　　　　　　이창희 서울 강현중학교　등록 2005.08.16 16:05:00

언론이 문제다

교원 정년을 1년 연장 하는 법안 제출이 이번 주 안에 이루어질 전망이다. 그동안 교원들은 정년 환원의 당위성을 줄기차게 주장해 왔다.

그런데, 일부 언론에서 학부모단체들의 주장만 가지고 정년 연장이 마치 교원들의 이익만을 위한 처사인 것처럼 보도 하고 있다. 교원들의 정년 환원 필요성에 관한 내용은 언급이 없다. 다만 법안을 제출할 엄호성 의원의 이야기만 언급되어 있다.

교원정년 단축으로 얻어진 것이 무엇인가. 기사의 내용으로는 학부모 단체들이 "1999년 교원 정년이 단축되면서 학교가 젊어지고 학생과 교사가 더 가까워지는 등 효과가 나타나고 있다."고 주장하고 있다.

학교가 젊어져서 학교가 어떻게 좋아졌고 어떻게 교육이 좋아졌는가라는 설명은 없다. 학교가 젊어지면 좋은 것인가라고 묻고 싶다. 학교를 일반 다른 직장과 비교를 하면 안된다. 학교는 다양한 학생들이 공부하는 곳이고 이를 교육하는 교사들 역시 다양한 층으로 이루어져 있어야 한다. 학교가 젊어져야 교사와 학생이 더 가까워지는가. 할아버지와 손자는 가까워지지 않고 삼촌과 조카만 가까워지는가.

그냥 젊은 교사들만 모여 있다고 해서 교육이 잘될 것이라는 발상은 옳지 않다고 본다. 정년 단축으로 얻은 것보다 잃은 것이 많다는 것은 누구나 다 아는 사실이다. 득보다 실이 많았다면 그 정책은 다시는 시행하지 말아야 한다. 득이 많은 쪽으로 모든 정책을 펼쳐야 한다고 본다.

언론이야 이슈를 그냥 던져 놓고 논란을 불러일으키면 그만일 것이다. 그러나 그것을 지켜보는 40만 교원은 너무나 가슴 아픈 일을 당하는 것이다. 언론은 공정하게 보도해야 한다. 어느 한쪽을 두둔하는 느낌이 드는 보도가 나간다면 바른 보도가 아니라고 본다.

그 언론의 기사에 대해 의견란에 올라온 글이다.
"50대의 인문계고등학교 3학년 13반 담임으로 새벽에 학교에 출근하여 밤 11시에 귀가하지만, 너무도 보람차고 즐거운 학급 운영으로 3월부터 현재까지 무결석에 1학기 수시에 속속 합격생을 배출하니 이 또한 나이와 무관하지 않은가? 생활 연령은 숫자에 불과하다 의식이 문제다. 63세는 너무도 당연하다고 생각합니다."

교원 정년의 연장 문제를 다루는 언론들은 정확한 분석과 정확한 근거에 의한 기사를 내보기를 간곡히 부탁한다.

〈칼럼〉   이창희 서울 강현중학교 등록 2005.08.19 21:21:00

학교에서 학원수업을 한다니….

서울 시내 초·중·고 학생들은 이르면 오는 2학기부터 방과후 학교에서 사설학원들이 제공하는 국어, 영어, 수학 등 주요 입시과목 강의를 저렴한 비용에 들을 수 있게 될 전망이다.

최근 서울시 교육청관계자는 "교사의 부담을 줄이면서도 학생들에게 도움이 되는 방과후 교육 프로그램을 만들려면 사설학원 강사를 활용하는 것이 최선"이라며 "사교육업체의 참여를 보장하는 형태로 '개방형 방과후 학교'를 신설하기로 의견을 모았다."고 말했다.

이 내용만으로 볼 때는 방과후에 학생들을 학교에 모아놓고 교사가 아닌 외부의 사설학원 강사를 활용하여 특기·적성 수업뿐 아니라 일반 교과목의 수업을 진행한다는 것이다. 사교육업체의 참여를 보장하여 학교를 개방하겠다는 것이다.

그렇다면 이제부터는 학교에 두 종류의 교사가 존재하게 된다는 것을 의미한다. 하나는 낮에 학생들을 가르치는 현재의 교사와, 방과후가 되면 그때부터 밤까지 학생들을 가르치는 사설학원의 강사가 방과후의 교사가 되는 것이다. 이것이 있을 수 있는 일인가? 그동안의 특기, 석성교육노 아니고 학과 수업을 위해서도 학교를 사교육업체에 개방한다는 것이 이치에 맞는 일인지 판단이 흐려진다.

또 하나 이렇게 해서라도 학생들의 학력을 높이겠다는 것인데, 그동안의 학교교육을 믿을 수 없다는 발상이 아닌가 싶다. 공교육을 정상화하여 사교육을 학교 내로 흡수해야 하는데도 이상한 방법으로 흡수하려 한다는 생각이다.

이렇게 하면 사교육비가 줄어드는 학생들이 나올지는 모르지만, 자기가 다니는 학교에서 방과후에 더 적은 비용으로 사교육이 이루어진다는데, 그 비용마저도 없어서 참여가 불가능한 학생들의 비애는 이루 말할 수 없을 것이다. 지금은 학교 밖의 학원이라는 곳이나 과외라는 명목으로 사교육이 이루어지고 있으니 이를 포기하고 지내는 학생들이 많지만, 앞으로는 그 적은 비용이 없어서 학교에 남아서 수업을 받지 못한다고 생각하면 그 학생들의 마음이 어떨까 싶다.

시교육청에서 이를 실시한다고 하면 이미 학교 교사를 상대로 보충수업 부활 등의 의견을 개진했어야 옳다. 교사들이 교육청의 무조건적인 사교육업체를 학교안으로 끌어들이겠다는 것을 어떻게 받아들일 것으로 보는지 알 수 없다.

이제는 학교를 사교육 활성화의 장으로 만들겠다는 것인가. 취지는 좋을 지 모르지만 이 방안은 반드시 제고되어서 원점에서 다시 검토되어야 할 문제라고 본다.

〈칼럼〉   이창희 서울 강현중학교 등록 2005.08.19 21:24:00

전산담당 공익근무요원도 전문화 시대

서울특별시 동작교육청(교육장, 권택희)에서는 관내 초·중학교에 배치되어 전산 보조업무를 담당하고 있는 공익근무요원에 대한 정보화 연수를 강현중학교에서 실시하였다.

8월 16일~17일까지 이틀에 걸쳐 실시된 연수에는 관내 초·중학교에 근무 중인 공익근무요원 80여 명이 참여하여 높은 참여율을 보였다. 이들은 전산 관련 전문성을 갖춘 경우도 있지만 대부분은 그렇지 않은 상태에서 각급 학교에 배치되었기 때문에 컴퓨터 관리는 물론 학내망에 대한 전문성 신장이 필요한 경우가 대부분이다.

이들은 이틀 동안 '컴퓨터 정비 및 보수 요령, 학내망 관리 요령, 교내 네트워크 및 인터넷망 이상에 대한 조치 요령' 등을 교육받았다. 특히 학교 내에서 자주 발생하는 컴퓨터 이상 및 학내망 이상에 대하여 자세한 연수를 받아 당장 학교 현장에서 적용 가능한 교육을 받았다는 평가다.

연수에 참여한 공익요원들은 "컴퓨터의 기초는 대강 알고 있지만 학교라는 특수한 곳에서 나타나는 각종 현상 들을 자세히 습득할 수 있어 매우 유익했다. 학교에서 근무하는 동안 많은 도움이 될 것 같다."라고 평가했다. 특히 K군은 "사실 컴퓨터에 대한 기본지식이 별로 없었고 학내망에 대해서는 더더욱 아는 것이 없었는데, 이틀 동안의 연수로 자신감을 갖게 되었다."라고 하면서 매우 밝은 표정을 지었다.

이번 연수를 주관한 동작교육청의 정보화 담당 유○○씨는 "각급 학교에 공익요원을 그냥 배치만 하면 별다른 의미가 없기 때문에 실질적으로 도움을 주기 위해 연수를 실시 했다."면서 "특히 공익요원이 전문성을 갖추면 교사의 잡무 경감에도 도움이 될 것으로 생각되어 더운 날씨지만 연수를 실시했다."고 연수 취지를 설명하였다.

현대는 어떤 분야든지 전문성이 요구되는 시대이다. 학교에 근무하는 전산 담당 공익근무요원의 전문성을 키우기 위한 서울특별시 동작교육청의 노력이 공익근무요원들에게는 전문성 신장의 기회가 되고 일선 학교 교원들에게는 잡무 경감의 시발점이 되었으면 하는 바람이다.

〈현장소식〉 이창희 서울 강현중학교 등록 2005.08.19

비만의 주범, 탄산음료

콜라와 사이다 같은 탄산음료를 하루 한 병씩만 마셔도 어린이가 비만에 걸릴 위험은 60%나 증가한다고 한다. 또한 골절 확률도 3배에서 5배까지 높아진다는 것이다.

이는 그동안 비만의 원인이 되는 음식이 패스트푸드점에서 판매되는 각종 음식으로 알려져 왔었으나 탄산음료가 비만의 원인이 된다는 것은 충격적인 사실이 아닐 수 없다.

이에 따라 이미 미국에서는 수년 전부터 탄산음료 추방운동이 벌어지고 있다고 한다. 이런 움직임 때문에 미국음료협회에서는 초등학교에서는 "모든 탄산음료의 판매를 전면 중단하고 중학교에서는 등교 간부터 하교 간 까지는 판매하지 않겠다."는 방안을 내놓기에 이르렀다는 것이다.

우리나라의 초 · 중학교 학생들도 어느덧 비만 학생이 증가 하고 있는 추세다. 만일 이대로 방치되면 사회적인 문제로 발전될 가능성이 높다. 따라서 위와 같은 탄산음료 관련 내용을 먼 나라의 경우로만 보아 넘기지 말고 하루빨리 이에 대한 대책을 세워야 한다.

즉 우리도 최소한 학교 내의 매점에서는 탄산 음료를 취급하지 않도록 해야 한다고 본다. 우리 학교의 경우는 이번 2학기에 매점을 열게 되는데, 이미 탄산음료를 학교 내 매점에서는 판매를 하지 않도록 정하고 있다.

모든 교사들이 탄산음료를 학생들이 마시는 것에 대하여 전혀 도움이 되지 않는다는 데에 공감을 했기 때문이다. 물론 학생들 입장에서는 불편하겠지만 교사들이 나서서 판매 품목에서 제외해 줄것을 강력히 주장한 결과이다.

학생들이 한참 성장하는 시기이기 때문에 무엇이든지 섭취할 수 있어야 하는 것은 옳다. 그렇지만 성장에 도움이 되지 않는다면 탄산음료뿐 아니라 다른 식품의 판매도 최소한 학교 내에서만은 금지해야 하는 것이다.

학생들이 방학 과제로 '탐구보고서'를 작성해 오는데 그 주제에도 탄산음료에 대한 실험이 매우 많다. 치아나 뼈에 도움이 안된다는 내용이 주를 이루고 있다.

이와 같이 학생들 자신도 탄산음료가 자신들의 성장에 도움이 되지 않는다는 것을 잘 알고 있기 때문에 학교 내에서 탄산음료를 취급하지 않는다고 해도 크게 문제가 되지 않을 것이다.

이미 많은 학교에서 탄산음료를 취급하지 않는 것으로 알고 있다. 현재 취급하고 있는 학교도 학생들의 건강을 위해서 탄산음료 취급을 재고하는 것이 어떨까 싶다.

〈칼럼〉　　　　　　　　　　　　이창희 서울 강현중학교　등록 2005.08.22 09:24:00

개학 준비는 이렇게 하자

각급 학교가 여름방학을 마치고 대체로 개학을 앞두고 있다. 이번 주에 대부분의 학교들이 개학을 하게 된다. 개학을 앞두고 중학교 학부모와 학생들에게 어떤 준비가 필요할지 짚어 보았다.

개학 준비의 기본은 우선 수면시간을 줄이고 기상시간을 당기는 것이다. 아무리 규칙적인 생활을 하라고 강조해도 학생들의 방학생활은 취침시간과 기상시간에 변화가 있는 경우가 대부분이다. 학교에 다닐 때에 비해 취침시간이 늦어지고 이에 따라 기상 시간도 늦어지는 악순환을 겪게 된다. 따라서 이의 조절이 무엇보다 중요하다 할 것이다. 이의 조절은 적어도 1주일전 늦어도 3-4일 전에는 이루어져야 한다.

다음으로는 과제물을 챙기는 것이다. 특히 방학과제 중에는 2학기 수행평가에 반영되는 과목들이 간혹 있다. 이들 과목의 과제 수행 여·부는 곧 학업성적과 직결되기 때문에 반드시 수행해야 하는데, 이 과정에 학부모들의 철저한 지도가 필요하다.

또한 방학 동안에는 컴퓨터 게임이나 텔레비전 시청을 많이 하게 되는 경우가 많은데, 이의 조절을 적설히 해야 한다. 이 역시 개학 1주일 전이나 3-4일 진에는 학교에 등교할 때와 같은 패턴으로 조절이 되어야 개학 후 바로 적응이 된다.

한편으로는 학교에 미리 등교를 해보는 것도 적응을 빨리하기 위한 좋은 방법이 된다. 개학날이 되면 왠지 서먹하고 기분이 떠 있는 상태로 등교하는 경우가 많은데, 이의 해소 방법으로 개학 2-3일 전에 학교를 미리 가보는 것이다. 개학날의 가벼운 발걸음이 될 것이다.

그밖에 방학 전에 세웠던 계획이 제대로 실천이 되었는지, 부모와 학생이 함께 점검해 보고 반성해 보는 기회를 갖는 것도 필요하다. 또한 그동안 연락을 잘 안 하고 지냈던 친구들과 전화통화를 하는 것도 꼭 필요한 과정이다. 특히 개학날은 친구들과 함께 어울려서 등교할 수 있도록 미리 약속을 하는 것도 필요하다.

방학후 개학을 하게 되면 갑작스런 생활변화에 따라 예민해지기 쉽다. 따라서 친구들간의 다툼이 발생하는 경우가 종종있다. 이를 사전에 예방하기 위해 학부모들의 사전 지도가 필요하다.

개학 준비를 슬기롭게, 그리고 보람된 학교생활을 다시 시작하기 위해 개학 준비를 소홀히 하지 않았으면 한다.

〈칼럼〉　　　　　　　　이창희 서울 강현중학교　등록 2005.08.23 13:17:00

교육부의 의도는?

이미 보도를 통해 접했겠지만 교육부가 부적격 교원 대책에 대해 교원단체들에 대해 잘못을 시인하고, 관련 기사에 대한 정정보도를 내기로 했다. 이 달 들어서만 벌써 두 번째다.

부적격교원대책과 관련하여 입법예고를 하면서 부터 시작된 문제이다. 이에 대한 내용은 잘 알려진 바와 같이 '교육력제고협의회'에서 다루어지고 있는 내용이다. 여기서 합의안이 도출된 것이 아님에도 입법예고를 한 경위가 무엇인지 알고싶다.

지난번에 보도가 나가게 된 것은 교육부총리의 이야기를 학부모단체나 언론기관에서 잘못 이해하는 바람에 그렇게 되었다고 치더라도, 같은 달에 거의 비슷한 사안에 대해서 또다시 비슷한 사건이 터진 것은 이해가 가지 않는 부분이다.

이처럼 비슷한 유형의 사안이 자주 발생하는 것은 순전히 "교육부가 또다른 어떤 의도를 가지고 있다"라고 해석할 수밖에 없다. 즉, 교원평가와 부적격교원 문제를 교원들과 협의하기보다 언론에 뿌린후 여론화 내지는 공론화를 이끌어내기 위한 의도가 깔려 있지 않은가 싶다.

그렇지 않고서는 교원단체들과 전혀 협의가 진행되지 않는 상태도 아닌데, 폭탄을 터뜨리듯이 자꾸만 문제를 키울 수는 없는 것이다. 언론을 통해 여론화를 시켜 이를 공론화시켜 결국은 교원들이 피할 수 없는 상황으로 발전시키고자 하는 의도가 있다는 의구심을 강하게 가질 수밖에 없다.

이런 식으로 하지 말고 차라리 교육부는 정확한 의도를 밝히는 것이 더 현명하다고 본다. 교육부 관계자의 코멘트가 포함된 기사인데도, 그것을 단순한 착오라는 식으로 이해를 구하려 하지 말라는 것이다.

이 문제는 교육부가 고민하는 것보다 더 많은 고민을 교원단체들이 하고 있다는 것을 교육부가 충분한 이해를 해야 한다. 단순히 부적격교원을 어떻게 하는 것만이 학교교육을 발전시킬 수 있는 해법이 아니기 때문이다.

교육부는 좀 더 솔직해져야 한다. 아울러 현재 진행중인 "교육력제고협의회"의 기능을 충분히 활용하기 바랄 뿐이다.

⟨칼럼⟩　　　　　　　　　　이창희 서울 강현중학교　등록 2005.08.24 11:44:00

집값이 교육제도 바꾸는 현실

부동산 특히 집값의 폭등이 교육여건과 깊은 관계가 있다고 한다. 실제로 이 관계 때문에 서울시내 고등학교의 학군을 조정할 필요성이 제기되고 있다. 물론 실행 여·부는 불투명 하지만 여당 쪽에서 이런 이야기가 흘러나온 것은 기존의 경우보다는 상당히 구체성이 따르고 있는 것으로 보인다.

교육부에서도 그 자체를 서울시교육청에 권한이 있다는 식으로 이야기를 했지만 검토를 했으면 하는 쪽으로 은근히 기대하는 눈치이다. 어쨌든 최종적인 결정을 내리는 것은 서울시 교육청의 몫이다.

서울시교육청에서는 현재 공동학군제를 운영하고 있다. 즉, 서울시청 반경 4km이내는 공동학군으로 지정하여 타학군에 거주하는 학생들도 지원이 가능하다. 여기서 배정받지 못한 학생은 다시 자신의 거주지역에서 배정받게 된다.

처음에는 이 제도가 공동학군내의 학생 부족을 해소하기 위해 시작되었으나 역사와 전통이 있는 학교들이 있기 때문에 학생들에게는 꽤나 인기가 있다. 그래서 반경5km로의 확대시행도 신중히 검토되고 있다고 한다. 또한 이 제도를 서울의 강남학군까지 확대하는 문제도 현재 서울시교육청에서 검토중이라고 한다.

그러나 이 방안은 별로 실효를 거두기 어렵다는 생각이다. 현재의 공동학군제와는 좀 다른 현상을 보일 것이다. 즉, 강남의 8학군에까지 확대를 하면 그 취지는 옳을지 몰라도 그로 인해 다른 해당8학군 학생들이 다른 학군으로 밀려나는 일이 발생하기 때문이다. 따라서 이에 대한 검토는 좀더 깊이있게 이루어져야 할 것이다.

학군을 몇 개로 통합하는 문제도 방안이 될 수 있지만 같은 학군 내에서도 교육여건의 차이가 나타날 수 있기 때문에 역시 문제점을 안고 있다. 차라리 다른 학군의 교육여건을 강남의 8학군과 같아지도록 끌어 올리는 것이 더 중요한 문제가 아닌가 싶다.

또 하나 "교육문제 때문에 학군조정이 검토되는 것이 아니고 부동산 문제 때문에 교육이 제도를 바꿔야 하는 것이냐"가 더 문제이다. 교육 문제는 반드시 교육 논리로 해결해야 한다. 그 어떤 논리도 교육을 흔들어서는 안되는 것이다.

〈칼럼〉　　　　　　　　　　　　이창희 서울 강현중학교 등록 2005.08.25 09:14:00

교육감 선거제도 하루빨리 바꿔야 한다.

김석기(金石基·59)울산시교육감이 취임 하루 만인 23일 오후 선거법 위반혐의로 구속 수감됐다. 교육감 선거와 관련하여 금품을 건네고 학교운영위원을 상대로 사전 선거운동을 한 혐의도 함께 받고 있다.

그동안 교육감 선거로 인해 교육감직을 내놓는 것은 물론 구속·수감 되는 경우가 간혹 있었다. 2003년도의 충남교육감의 경우가 그 대표적인 예이다. 이렇듯 교육감 선거가 치러질 때마다 비리와 선거법 위반, 뇌물수수 등의 크고 작은 문제가 나타나는 것은 잘못된 선거제도 때문이 아닌가 싶다.

현재 교육감 선거는 각급학교 운영위원들의 간접선거로 치루어진다. 그런데 교육감이 되기 위해서 운영위원들을 상대로 어떠한 선거운동도 할 수 없는 것이 현재의 교육감 선거제도이다. 할 수 있는 것은 선관위에서 공식적으로 배포되는 선거 유인물과 언론사나 각종 단체들의 토론회에 나설 때만이 선거인단과의 접촉이 가능한 것이다. 사정이 이렇다보니 교육감 후보들은 어떤 편법을 써서라도 당선만 되고 보자는 식의 운동을 하게 되는 것이다.

이런 제도 하에서 일반인들의 관심은 어느 시·도에서 누가 교육감에 당선된 것보나 이번의 당선자는 과연 아무린 짐음 없이 교육감직을 훌륭하게 수행할 수 있을까에 더 많다. 뭔가 잘못되어도 크게 잘못되었다는 것을 알 수 있다.

이제는 대세가 주민직선 내지는 학부모 직선으로 가고 있다. 선거제도를 바꾼다고 해서 선거 비리가 당장 사라지는 것은 아니겠지만 실질적인 대표성을 갖는 교육감을 뽑아야 한다면 직선제로 바꾸는 것이 옳다고 본다. 또한 교육감 후보자의 자격을 더 강화해야 한다.

특히 교육자치의 올바른 실현을 위해서도 교육감 선거제도는 바꿔야 한다. 더이상 당선 후에 철창신세를 지는 교육감이 나오지 않도록 하기 위한 방안이 될 것이다. 정치권의 신중한 검토와 빠른 결론을 기대해 본다.

〈칼럼〉　　　　　　　　　　　　　　　이창희 서울 강현중학교 등록 2005.08.25

한국교총 홍보활동에 박수를

　매일 같이 신문을 보고 인터넷 뉴스도 살펴보지만 교육과 관련된 모든 뉴스를 다 접하는 데에는 한계가 있다. 특히 오프라인 신문의 경우는 자신이 구독하는 신문의 지면만을 살피게 되고 인터넷 온라인 신문의 경우도 주로 방문하는 사이트에 편중되게 된다.

　그런데, 언제부터인가 매일 같이 E-mail로 배달되는 한국교총의 '오늘의 교육뉴스'를 살핌으로써 거의 모든 교육 관련 소식을 접할 수 있게 되었다. 특히 교육뉴스는 어떤 뉴스가 그날의 이슈가 되는 뉴스인지 판단하기가 쉽지 않다. 해당 신문을 구독하는 구독자의 입장에서 그날 아침에 읽어본 기사가 그날의 이슈로 생각하기 쉽다.

　그러나 '오늘의 교육뉴스'를 받아보면 그날 또는 최근의 이슈를 정확히 파악할 수 있다. 즉 여러 언론기관(신문사뿐 아니라 방송사도 포함)에서 보도한 내용을 살펴보면 중복되는 뉴스가 여러 곳에서 발견된다.

　여러 곳에서 발견되는 뉴스야말로 최근에 가장 관심이 높은 뉴스일 수밖에 없다. 그때그때의 이슈가 되는 뉴스를 쉽게 알 수 있는 것이다. 이 모든 것이 매일 같이 배달되는 한국교총의 '오늘의 교육뉴스'가 있기에 가능한 것이다.

　물론, 한교닷컴을 보아도 뉴스를 쉽게 접할 수 있지만 그 뉴스가 다른 언론기관에서는 어떤 비중을 가지고 다루는지 정확히 알 수는 없다. 따라서 '오늘의 교육뉴스'는 이러한 측면에서 대단한 위력을 발휘한다는 생각이다.

　다만, 이러한 혜택을 받는 회원들이 좀 더 많아져야 한다는 것이 아쉬운 부분이다. 즉 전체 회원들을 상대로 이러한 소식을 전달하는 방안이 연구되었으면 하는 것이다. 물론 메일을 보내도 열어보지 않는 경우도 많겠지만 좀더 노력을 기울인다면 쉽게 해결될 문제라고 본다.

'오늘의 교육뉴스'의 효과는 또 있다. 오늘의 교육뉴스를 클릭하면 곧바로 한국교총의 홈페이지로 연결이 된다. '오늘의 교육뉴스'를 이용하여 회원들로 하여금 한국교총의 홈페이지를 방문하는 효과도 함께 얻고 있는 것이다.

다양한 교육뉴스를 발빠르게 전달해 주는 한국교총을 우리 모두 칭찬하고 격려합시다.

<칼럼>　　　　　　　　　　　　이창희 서울 강현중학교　등록 2005.08.26 20:50:00

승진 불균형 해소되어야 한다

　9월1일자로 교사에서 교감으로 승진한 교원이 서울시내 중등에는 27명이다. 수많은 교사들 중에서 교감으로 승진을 하게 된 교사는 선택받은 교사임에 틀림없다. 그동안의 많은 노력이 함께 했다는 것은 이야기를 하지 않아도 쉽게 알 수 있을 것이다.

　교육전문직에서 교감으로 전직한 경우는 15명으로 교사의 경우보다 절반을 약간 넘는다. 어떤 연유로 교육전문직에서 교감으로 전직하는 비율이 교사보다 훨씬 높은지 자세히 알 길은 없다. 다만 일선 학교에서 학생들을 열심히 지도하는 교사들보다 혜택을 더 받고 있다는 느낌을 버릴 수 없을 뿐이다.

　교원은 전문직이다. 그 전문지이라는 것은 학생을 잘 가르쳐야 한다는 전제가 깔려있는 것이다. 그렇다면 학생들 잘 가르치는 교사출신이 승진에서 우대받아야 함은 당연한 이치다. 그런데도 교육전문직보다 교사 출신의 승진비율이 적다는 것은 개선해야 할 여지가 있다고 하겠다.

　물론 교육전문직이 교사보다 하는 일이 더 쉽거나 간단하기 때문에 이런 이야기를 하는 것은 아니다. 또한 리포터가 교사이기 때문에 이런 이야기를 할 수 있는 것인지도 모른다. 교육전문직 자체를 부성하고사 함은 더더욱 아니다. 다만 형평성에서 문제를 바라보고자 하는 것이다.

　서울시내 공립 중학교 교원의 수가 2004년말 기준으로 1만 5천여명이다. 이 중에서 교감으로 승진한 교사가 겨우 27명이면 경쟁률로 보면 약 555:1정도 되는 것이다. 어떻게 교사에서 교감으로 승진할 희망을 가질 수 있겠는가.

　교육전문직의 수는 정확히 알수 없지만, 대략 500여명 이라고 할 때의 경쟁률은 33.3:1이 된다.(500명 중에 15명이 교감승진을 했으므로) 교사의 경우와는 엄청난 차이가 나게 된다. 그렇다고 해서 교육전문직이 하는 업무가 교사들의 업무보다 16배 정도 힘들다고는 보지 않는다.

이런 사정은 정확하지는 않지만 다른 여타의 시·도 교육청도 비슷할 것이다. 교단 교사를 우대한다면 지금의 경우보다는 승진 비율에서 전문직:교사의 비율을 좁혀나가야 한다고 본다. 전문직의 승진을 막자는 것이 아니고 그 비율을 줄이자는 뜻이다. 전문직으로는 보통 5~6년을 근무하면 교감으로 승진을 하게 된다. 그 기간이 다소 길어지더라도 전문직 대 교사의 승진 비율은 개선을 해야 할 것이다.

〈칼럼〉 이창희 서울 강현중학교 등록 2005.08.30 10:23:00

이렇게 하면 어떨까요?

사실 교원의 승진제도 개선만큼 어렵고 복잡하게 얽혀 있는 것이 없다. 어떻게 바꾸든지 문제점이 상존하기 때문이다. 가끔씩 승진제도가 개선되기는 하지만 특정한 교사에게 유리하게 작용하거나, 특정한 교사에게 불리하게 작용하는 불합리함만 가중시키게 된다.

그동안 주변에서 승진문제와 관련하여 토론한 내용을 두 번에 걸쳐 올리고자 한다. 물론 극히 지협적인 내용일 수도 있다. 그러나 개선을 위한 시발점이 될 수는 있다는 생각이다.

지금의 승진구조에서 학생을 잘 가르치는 교사들이 교감, 교장으로 승진하기는 매우 어렵다. 점수를 잘 따는 교사들이 유리할 뿐이다. 학생들을 잘 가르치긴 하지만 점수 따는 방법을 잘 몰라서 그냥 평교사로 지내는 교사들도 많다.

그래서 한 가지 제안을 하고자 한다. 학생들을 잘 가르치면 쉽게 점수를 딸 수 있는 방안이다. 현재는 대부분의 학교에서 공개수업을 1년에 몇 개 과목씩 실시하고 있다.(타 시·도의 상황은 정확히 알 수 없지만 서울의 중등 에서만은 최소한 이렇다.) 그런데, 학기초에 공개수업 교사를 선정하는 것이 자연스럽지 못한 경우가 있다. 일단 스스로 원하는 교사가 많지 않기 때문이다.

따라서 앞으로는 공개수업을 하는 교사에게 승진 점수를 부여하면 어떨까 싶다. 한 번이 아닌 여러 번의 공개수업을 거쳐서 점수를 부여받을 수 있도록 가산점의 형태로 운영하면 어떨까 싶다. 공개수업을 한다는 것은 최소한 수업자료를 많이 확보하게 되고 그 자료를 이용해서 해당 학년 전체에 적용해 보게 된다. 학생들에게 도움이 되면 되었지, 결코 손해를 끼치지는 않게 된다.

따라서 공개수업을 1회라도 실시할 경우, 수업자료 개발과 수업 기술 개발의 두 마리 토끼를 함께 잡을 수 있다는 생각이다. 여타의 방법으로 점수를 취득하는 경우보다 수업을 잘하는 교사가 유리한 방안이라고 본다.

물론 이런 방법도 100퍼센트 옳은 방법은 아닐 것이다. 그러나 현재와 같이 점수따는 요령을 터득하고 있는 교사에게만 유리한 구조보다는 자신이 노력한 만큼 가산점을 받을 수 있기때문에 훨씬 더 열심히 하는 모습을 보여줄 수 있는 방안일 것이다.

〈칼럼〉　　　　　　　　　이창희 서울 강현중학교　등록 2005.08.30 10:38:00

교실 환경개선의 신호탄 되었으면

서울시교육청에서 금년 말까지 시내 모든 초·중·고등학교의 교실에 최신 천정형 냉·난방 기기를 설치하기로 했다. 또한 현재 150룩스 기준으로 설치돼 있는 교실의 조도를 300룩스로 향상시키는 사업도 함께 진행하기로 했다.

사실 그동안 교실 환경은 냉·난방과 조도 문제를 포함하여 많은 문제점을 안고 있었다. 교실의 먼지로 인한 학생과 교사의 건강문제, 낡은 창문이 제대로 맞지 않음으로 인해 소음 발생 및 학생들의 안전 문제 등이 꾸준하게 제기되어 왔다.

이번의 서울시교육청에서 교실의 냉·난방과 조도 문제에 발벗고 나선 것은 늦은 감이 있지만 환영한다. 예산상의 어려운 문제가 있음에도 교실 환경개선에 우선 투자하는 모습이 진정으로 우리 학생들을 염려하는 의식에서 출발했다는 것으로 더욱더 돋보이는 결단이라는 생각이다.

이번의 서울시교육청의 방침에 리포터는 교실 환경을 개선하여 쾌적한 분위기에서 공부에 전념할 수 있는 분위기를 조성하기 위한 시발점으로 보고 싶다. 이를 계기로 나머지 문제도 조속한 시일 내에 개선하기 위한 노력을 지속적으로 했으면 한다.

또한 이번의 서울시교육청의 노력을 신호탄으로 전국의 모든 초·중·고등학교가 쾌적한 교실 환경으로 변화하기를 기대한다.

Epilogue(에필로그)

퇴직전부터 마음을 다잡고 있었으나, 일과중에는 학교업무에 올인 해야 했기에 퇴근 후에나 가능했던 칼럼집 편집은 우선순위에서 한참 뒤로 밀릴 수 밖에 없어 시간적으로 어려움이 많았습니다. 반면 퇴직 후에는 시간은 많아졌으나 절실함의 부족으로 편집 작업은 쉽게 진척되지 않았습니다.

더구나 교직 생활 동안 작성했던 칼럼의 분량이 생각보다 방대하였습니다. 그 중에서 참신한 주제만 뽑아서 출간하려 했으나, 자신의 원고에서 참신한 칼럼을 가려낸다는 것이 쉽지 않았습니다. 결국 이런저런 핑계로 미루어 왔던 칼럼집 출간이 이제서야 결실을 맺게 되었습니다.

이 칼럼집은 교육 정책에 관심 있는 독자라면 쉽게 이해가 되겠지만 자녀 교육에는 관심도가 높아도 교육 정책이나 교육여건 등에 관심이 많지 않으면 이해되지 않은 부분이 있을 수도 있습니다. 그러나 학창 시절을 끝낸지 상당한 시간이 지난 독자들은 '그땐 그랬었구나', '그때는 이런 것들이 중요한 교육 이슈였구나!'라는 생각이 들어 과거를 회상하면서 입꼬리가 올라가는 경험을 하실 수 있을 것입니다.

또한 교원임용시험을 준비하는 자녀나 친지들이 있다면 부담 없이 한번 읽어보도록 권한다면 결코 손해는 보지 않을 것임을 확신합니다. 교육을 바라보는 시각을 넓히고 사고력을 기를 수 있는 좋은 기회가 될 것입니다.

추후에 남은 원고를 정리하여 계속해서 칼럼집을 발간할 예정입니다. 저에게는 매우 소중하고 뜻깊은 칼럼집이 될 것입니다. 많이 성원해 주시고 추후 출간되는 칼럼집도 관심을 가지고 지켜봐 주시기 바랍니다.

이창희
"교육의 시간들, 그 첫 번째 이야기"

교육의 시간들, 그 첫 번째 이야기

1판 1쇄 발행 2025년 9월 30일

지은이 이창희

편집 유주은   마케팅·지원 이창민

펴낸곳 (주)하움출판사   펴낸이 문현광

이메일 haum1000@naver.com   홈페이지 haum.kr
블로그 blog.naver.com/haum1000   인스타그램 @haum1007

ISBN 979-11-7374-169-2(03810)

좋은 책을 만들겠습니다.
하움출판사는 독자 여러분의 의견에 항상 귀 기울이고 있습니다.
파본은 구입처에서 교환해 드립니다.

이 책은 저작권법에 따라 보호받는 저작물이므로 무단전재와 무단복제를 금지하며,
이 책 내용의 전부 또는 일부를 이용하려면 반드시 저작권자의 서면동의를 받아야 합니다.